Helmi Habitz

Jesus hat uns Kinder lieb

Gottesdienste mit Kleinkindern

Herder

Freiburg · Basel · Wien

Umschlagzeichnung: Reinhard Herrmann, Münster

Satz: F. X. Stückle, 7637 Ettenheim
Druck und Einband: Freiburger Graphische Betriebe 1986
ISBN 3-451-20673-0

Inhalt

Vorwort

Wortgottesdienste für Kinder sind auch heute leider noch nicht selbstverständlich oder gar regelmäßig in allen Gemeinden. Warum eigentlich nicht?
Ist es der Arbeitsaufwand? Mangelt es an guten Vorlagen? Ist der Priester anderer Meinung? Sehen es die Erzieher nicht ein? Streiken die Eltern? ...
Bei vielen Gesprächen mit Erziehern, Eltern und Priestern kamen die für mich merkwürdigsten Antworten zu diesem Thema.
Da gab es Argumente von: „Die *Familie* ist in erster Linie für die Hinführung ihres Kindes zur Kirche zuständig bzw. verantwortlich" über: „Unser Pfarrer hat nicht die Nerven, mit so vielen Kindern gleichzeitig einen Wortgottesdienst zu feiern" bis „Wir als Erzieher stehen alleine und haben nicht genügend Argumente, auf die Vorteile eines Wortgottesdienstes mit Kleinkindern hinzuweisen."
Viele Argumente negativer Art, so scheint es mir, von Menschen, die das Wort Gottes kennen, der da sagt: „Lasset die Kinder zu mir kommen!"
Daß es da, wo viele Kinder zusammenkommen, nicht leise, diszipliniert und immer nach Programm abläuft, sollte allen Organisatoren klar sein. Aber kann und soll das unser Ziel sein?
Muß nicht unser Ziel darin begründet liegen, die Kinder vertraut zu machen mit den Dingen, die uns am Herzen liegen und mit denen wir gute Erfahrungen gemacht haben?
Glücklich sind diejenigen, für die ein Wortgottesdienst mit Kleinkindern kein Diskussionsthema mehr ist, die den Wortgottesdienst mit den Kindern und Gästen genießen und vielleicht sogar über solche Aktionen wieder den Weg zur Kirche finden.

Ich darf von Glück sagen, daß die Seelsorger, mit denen meine Kolleginnen und ich zusammengearbeitet haben, sehr aufgeschlossen, tolerant und im Umgang mit Kleinkindern recht viel Phantasie und Einfühlungsvermögen gezeigt haben. Priester, die verstanden haben, daß die „kleinen Leute“ die gläubigen Christen von morgen sind. Solche, die durch ihre Erfahrung mit Vertretern der Kirche bereit sind, für diese wieder einzustehen, sie nicht zu verleugnen oder sich gar von ihr abzuwenden. Priester, die es verstanden haben, daß alles, was langsam wächst und gut gepflegt wird, auch gut gedeihen kann, um sich dann positiv fortzupflanzen.
Auf diesem Wege darf ich mich recht herzlich bedanken für diese stete Bereitschaft der Seelsorger, mit uns Erziehern und Kindern einen Wortgottesdienst zu feiern. Durch ihre Aufgeschlossenheit uns gegenüber wurden wir immer neu inspiriert, uns Gedanken zu Themen für Wortgottesdienste zu machen, und konnten so die nachfolgenden Konzepte entwickeln.
Auch meinen Kolleginnen danke ich für das Bemühen, diese Arbeit zu unterstützen und zu bereichern. Denn es ist nicht immer einfach, ein fertiges Konzept zu übernehmen, sich damit auseinanderzusetzen, es an Kinder heranzutragen und einen Wortgottesdienst für alle Beteiligten zu einem Erlebnis werden zu lassen.
Ich wünsche allen, die diese Wortgottesdienste übernehmen, viel Spaß bei der Arbeit, eine schöne Zusammenarbeit mit allen, die ihre Arbeit unterstützen, und viel Erfolg, Freude und Mut beim „Vertrautmachen“ und bei der Verbreitung des Wortes Gottes.

Köln-Heinsberg, den 10. 11. 1985 *Helmi Habitz*

Praktische Tips zur Gottesdienstgestaltung

Es wäre sehr gut, aus einem Monatsthema einen Wortgottesdienst zu entwickeln oder umgekehrt. So wird vermieden, Kinder innerhalb eines Monats mit zwei verschiedenen Themen zu konfrontieren. Man sollte versuchen, den Kindern das Thema des Wortgottesdienstes so transparent wie möglich zu machen. Das kann in jedem Fall erreicht werden, wenn das Thema von möglichst vielen Bildungsbereichen her beleuchtet wird.
Hier gibt es die vielfältigsten Möglichkeiten: Z.B. über eine Bild- oder Naturbetrachtung, durch kleine selbsterfundene Geschichten oder in einem entsprechenden Liedtext.
Positiv ist auch das Umsetzen des Erzählten in ein Stegreifspiel oder in selbst dargestellte Bilder.
Auf jeden Fall sollten immer die Interessengebiete der Kinder berücksichtigt werden.

Welche Mitarbeit ist von wem möglich?

Je mehr an der Gestaltung des Wortgottesdienstes mitarbeiten, um so schöner und intensiver wird die Feier.

Die Kinder

Sie lernen die Lied- und Gebetstexte. Einige begleiten die Lieder mit rhythmischen Instrumenten und die größeren Kinder (5- bis 6jährige)

lernen die Spieltexte und Fürbitten. Diese dürfen etwas anspruchsvoller sein, da sie auch die erwachsenen Gäste ansprechen sollen.
Aktion ist für die Kinder sehr wichtig. Dabei spielt es eine untergeordnete Rolle, ob das Kind aktiv zuschaut oder aktiv mitmacht (je nach Entwicklungsstand). Die Aktion während des Wortgottesdienstes soll in einem ausgewogenen Verhältnis zur Kontemplation stehen.

Die Eltern

Es wäre wünschenswert, daß auch die Eltern die Lied- und Gebetstexte vorher lernen. Das hat mehrere Vorteile:

1. Wenn den Eltern die Texte bekannt sind, fällt ein ständiges Wiederholen der Liedtexte in der Einrichtung weg.
2. Dadurch, daß sich auch die Eltern mit den Texten auseinandersetzen und diese mit den Kindern zu Hause einstudieren, wird das ganze Tun erlebnisintensiver. Die Kinder spüren die Bereitschaft der Eltern, hier mitzutun, sie werden nicht allein gelassen. Alles, was man gemeinsam macht, macht mehr Spaß.
3. Hinzu kommt, daß die zarten Stimmen der Kinder in der Kirche untergehen. Mit Unterstützung der Eltern klingt das später schon besser.

Zugegeben, es ist nicht immer einfach, die Eltern zu einem mehrmaligen offenen Singen zu motivieren. Aber ist es einmal geschafft, ist die Resonanz sehr groß. Am besten, es wird jedesmal ein Singen auf Gruppenebene veranstaltet, wenn ein neues Lied mit den Kindern eingeübt wird. Die Eltern gewöhnen sich daran, und schließlich sind die Singminuten nicht mehr wegzudenken.
Sehr günstig ist die Zeit 10 – 15 Minuten vor dem Abholen der Kinder. Voraussetzung für eine solche Aktion ist jedoch die innere Bereitschaft, die gekoppelt ist mit einem ungehemmten Vorsingen. Es lohnt sich in jedem Fall.

Die Gäste

Alle, die als „spezielle Gäste“ offiziell zum Wortgottesdienst geladen werden, sollen sich in einer für sie zunächst fremden Umgebung besonders wohl fühlen, sich als integriert verstanden wissen. Indem nur wenige von ihnen aktiv teilnehmen, fühlen sich auch die anderen (siehe Großmütter) stärker mit uns verbunden.

Andere Teilnehmer

Außenstehende, die spontan (nach Umfrage der Eltern) zur musikalischen Begleitung und somit zur Verschönerung der Feier beitragen können, bringen Freunde, Bekannte, Verwandte u. a. mit. Solch eine positive Atmosphäre kann man Kinder und auch Erwachsene gar nicht oft genug erleben lassen.
Eine Wortgottesdienstgestaltung eignet sich auch besonders gut zu einer Kooperation mit umliegenden Kindergärten und Grundschulen. Bei einem Treffen einigt man sich, wer welchen Teil der Feier gestalten möchte. Das erleichtert die Arbeit und macht viel Spaß.
So kommen viele verschiedene Menschen mit gemeinsamen Zielen zusammen. Dieses Zusammensein soll nun so lange wie möglich dauern. Aus diesem Grund folgt jedem Wortgottesdienst eine kleine, gemütliche Feier. Die Vorbereitungen hierfür werden von allen Teilnehmern getragen.
Nach meiner Erfahrung ist ein so gestalteter Ausklang für alle Gäste sehr schön. In der gemütlichen Atmosphäre wurden schon viele Freundschaften zwischen jungen Familien geschlossen, und das nicht nur zur Freude der Kinder. Besonders in Städten mit mehr Anonymität wäre diese Art, einen Wortgottesdienst zu beenden, sehr wichtig.
Hinzu kommt noch ein wichtiger pädagogischer Wert: Kinder laden gerne ein, sie feiern gerne, sie teilen gerne mit, sie spielen mit großer Freude, sie bereiten gerne etwas vor, sie sind gerne mit Menschen zusammen. Diese natürliche, dem Menschen ursprüngliche Art, ein auf das Du angelegtes Handeln und Tun, soll nach meiner Meinung so früh wie möglich gepflegt und eingeübt werden.

Der Pfarrer und Kaplan

Kindergartenarbeit ist Basisarbeit. Von hier aus ist der Aufbau in jede Richtung möglich. Halten wir uns vor Augen, daß Unterlassun-

gen in dieser Kleinkindphase später nur noch mit viel Mühe oder nicht mehr aufgeholt werden können. Das gilt auch für die religionspädagogische Arbeit. Eine intensive, konstruktive Zusammenarbeit zwischen Seelsorger und Erzieher ist daher empfehlenswert.
Indem der Pfarrer den Kleinkindern mit ihren Eltern den Weg zur Kirche ebnet, entwickelt sich die Chance, ein christliches Zusammenleben zu fördern. Die Familie wächst miteinander in eine kirchlich orientierte Gemeinschaft hinein.
Um ein positives Glaubensverhalten zu wecken, genügt es nicht, die Kinder zur Erstkommunion zu führen und sie dann erst wieder als Firmanden zu begrüßen.
Viel früher ergeben sich positive Momente, dem Kleinkind die katholische Glaubenslehre zu vermitteln und den Weg zur Kirche aufzuzeigen.
Die Zusammenarbeit Priester—Erzieher soll und darf sich jedoch nicht nur auf die gemeinsame Feier des Wortgottesdienstes beschränken. Darüber hinaus soll dem Seelsorger die Möglichkeit angeboten und auch genutzt werden, Spielkreise zu besuchen und an kleinen Feierlichkeiten auf Gruppenebene teilzunehmen. Optimal wäre eine festgelegte Zeit, in der der Priester Kleingruppen um sich versammelt und ihnen von Gott erzählt. Die Kinder freuen sich darüber. Nach einigen Besuchen erwarten sie den Pfarrer schon. Wichtig ist, daß sie ihn kennen, ansprechen und beim Namen nennen können, daß sie seinen Wirkungskreis kennen und er sie spüren läßt, ich habe Zeit für euch, ich mag euch.
Es kommt nicht darauf an, besonderes pädagogisches Geschick an den Tag zu legen. Einfach da sein, ein kleines Gespräch ... Sicher spreche ich hier vielen Erzieherinnen aus dem Herzen.
Wenn wir wirklich eine praktische, kirchliche Sozialisation vor der Einschulung wünschen und fördern wollen und nicht nur davon reden oder glauben, sie sei schon da, dürfen wir nicht nachlassen in unseren Bemühungen, kooperativ mit dem Pfarrer, im Dienste der Kirche, für die Kinder zu arbeiten.

Lieder und Diareihen

Im Anschluß an die Modelle werden Vorschläge für Lieder und Diareihen gemacht, die in den entsprechenden Gottesdiensten eingesetzt werden können. Selbstverständlich ist es jedem belassen, zusätzliche oder auch andere Lieder auszuwählen. Es gibt ja ein großes Angebot von Liedern für Kleinkindergottesdienste. Aus diesem Grund wurde es auch vermieden, zu den einzelnen Gottesdiensten an Ort und Stelle sozusagen „feste“ Vorschläge zu machen.

Helfen, teilen, schenken

Wortgottesdienst zum Nikolaustag

Vorüberlegungen

Welche Heiligen verehren wir besonders in der Vorweihnachtszeit? Wem haben sie und wodurch geholfen? Können wir Kinder auch helfen, teilen, schenken? Drei Worte, die sehr schön zusammenpassen, die in der Praxis nicht voneinander zu trennen sind, stehen im Mittelpunkt unserer Betrachtung. Wir suchen mit den Kindern alltägliche Situationen, die uns Menschen zum Helfen, Teilen und Schenken auffordern.

Vorbereitungen

Alle Kinder, die zum Wortgottesdienst kommen, bringen Nahrungsmittel mit, die in ein anderes Land transportiert werden können.

Beginn des Wortgottesdienstes

Alle Kinder und Gäste sitzen in der Kirche. Hier ist es dunkel und still. Nur am Mikrophon brennt ein kleines Licht.

Eine Erzieherin tritt vor und spricht:

Indem ich etwas mit einem anderen Menschen teile, helfe ich. Auch Zeit, Gefühle, Gedanken kann ich teilen.
Ich schenke etwas, das seine Sorgen kleiner macht, das ihn wieder Hoffnung schöpfen läßt.

Zweite Erzieherin:

Helfen, teilen, schenken – dabei entsteht ein Gefühl, das den Menschen, von dem die Hilfe ausgeht, glücklich und froh macht. Mindestens so glücklich und froh wie den Menschen, dem geholfen wird. Habt ihr schon einmal gespürt, wie es dabei warm in euch wird, selbst im kältesten Winter? Wie es hell wird, selbst im dunkelsten Raum?

Bemerkung

Während des Sprechens gehen immer mehr Lichter in der Kirche an.

Lied

Es läuten alle Gocken ...

Helfen

Erstes Kind: Sitzt traurig am Straßenrand. Es ist gefallen, und hält sich sein Knie fest.

Zweites Kind: Was hast du, was ist passiert?

Erstes Kind: Ich bin gerade hingefallen, mein Knie tut mir sehr weh. Ich kann es kaum bewegen. Wenn ich aufstehe, schmerzt das ganze Bein.

Zweites Kind: Wo wohnst du?

Erstes Kind: Nicht weit von hier, aber alleine schaffe ich es bestimmt nicht.

Zweites Kind: Ich habe Zeit. Komm, stütz dich auf mich, dann werden wir es schon gemeinsam schaffen. Ich helfe dir sehr gerne.

Erstes Kind: Gut, daß du vorbeigekommen bist, ohne deine Hilfe müßte ich sicherlich noch lange hier sitzen.

Teilen

Erstes Kind: Spielt mit dem Ball.

Zweites Kind: Kommt und schaut zu.

Erstes Kind: Warum schaust du mich so an?

Zweites Kind: Ich habe keinen Ball, darf ich mitspielen?

Erstes Kind: Wir können uns den Ball ja teilen!

Zweites Kind: Einen Ball teilen, wie geht das? Willst du ihn zerschneiden?

Erstes Kind: Aber nein. Paß einmal auf. Ich werfe dir den Ball zu, und du wirfst den Ball zu mir zurück. So hat ihn jeder einmal!

Zweites Kind: So macht teilen Spaß!

Erstes Kind: Es ist auch viel schöner, mit jemandem den Ball zu teilen, als alleine zu spielen.

Zweites Kind: Morgen teilen wir uns meine Puppe, die Suse.

Erstes Kind: Einverstanden, darauf freue ich mich schon.

Lied

Wenn jeder hilft, wie er kann,
dann ist schon viel getan,
wenn jeder hilft wie er kann,
dann ist schon viel getan (2 mal).

Wenn jeder teilt, was er kann ...

Wenn jeder gibt, was er kann ...

Wenn wir gemeinsam was tun,
dann wird schon alles gut,
wenn wir gemeinsam was tun,
dann wird schon alles gut.

Der Herr Pfarrer kommt mit den Kindern über St. Nikolaus ins Gespräch. Er zeigt ihnen einige Dias aus dem Leben des Heiligen, die er mit Hilfe der Kinder erläutert.

So wie damals leben auch heute noch viele Menschen in Hungersnot. Bevor die Kinder uns zeigen, wie sie die Not lindern wollen, singen wir zur Ehre des hl. Nikolaus noch ein Lied.

Lied

Laßt uns froh und munter sein ...

Spiel

Sprecher: Es war Abend. Mutter und Vater saßen zusammen auf dem Sofa. Der Vater las die Zeitung und Mutter ein Buch. Nach kurzer Zeit legte der Vater die Zeitung weg und sagte:

Vater: Ich mag keine Zeitung mehr lesen. Überall steht etwas von Krieg, von Toten, von Elend und von großer Not. Viele Menschen auf der Welt sind verzweifelt und wissen keinen Rat mehr. Und jetzt auch noch diese schlimme Sache!

Mutter: Von welcher schlimmen Sache sprichst du, Vater?

Vater: Hier steht, daß viele Menschen Hunger leiden. Sie wissen nicht, was sie morgen essen sollen. In den Geschäften gibt es nur noch wenige Dinge, die sie kaufen können. Am schlimmsten betroffen sind die Kinder.

Mutter: Ich weiß es, es ist immer dasselbe. Aber, da können wir auch nicht helfen. Wir haben auch nichts zu verschenken. Unsere Kinder brauchen auch noch einige Sachen zum Anziehen. Wir müssen zuerst an unsere Familie denken.

Vater: Ja, du hast recht. Wir müssen noch viel kaufen, da können wir wirklich nicht noch an die Kinder in einem anderen Land denken.

Mutter: Denk nicht so viel über andere Menschen nach. Es ist schon spät, komm, wir gehen ins Bett. Morgen müssen wir wieder früh aufstehen.

Vater: Ja, ich bin auch sehr müde.

Sprecher: Mutter und Vater gehen zu Bett. Die Kinder, die noch nicht eingeschlafen waren, hatten das Gespräch der Eltern angehört.

Edgar: Hast du gehört, was Papa gesagt hat?

Olaf: Ja, das ist sehr schlimm. Aber was können wir schon tun? Mama meint, daß wir für uns selbst sorgen müssen.

Edgar: Mama hat recht, wir können bestimmt nicht viel abgeben, aber ich habe eine gute Idee.

Olaf: Ja, das wäre toll. Wenn wir nur schon ein wenig helfen könnten!

Edgar: Ein wenig? Viel, ja sogar sehr viel können wir helfen.

Olaf: Da bin ich aber neugierig.

Edgar: Ich werde das alles morgen mit meinen Freunden besprechen, und dann werden wir eine Sammelaktion starten.

Olaf: Was ist eine Sammelaktion?

Edgar: Wir werden von Haus zu Haus gehen und alle Leute um eine kleine Spende bitten. Und all die Sachen, die uns die Leute schenken, werden wir dann zu den Menschen schicken, die sie nötig brauchen.

Olaf: Das ist eine gute Idee. Dann können wir ja bei unserer Mama etwas sammeln!

Edgar: Na klar! Wenn viele Leute wenig geben, wird es doch eine große Menge sein, was zusammenkommt.

Olaf: Das wird eine Überraschung für Mutter und Vater.

Edgar: Das glaube ich auch. Ich freue mich schon auf unsere Sammelaktion.

Sprecher: Beide Kinder schlafen glücklich ein. Und als sie am nächsten Tag mit ihren Freunden zusammen kamen, erzählten sie folgendes:

Edgar: Habt ihr schon davon gehört, daß viele Leute nicht genug zu essen haben?

1. Freund: Das ist nichts Neues. Das wissen wir schon lange.
2. Freund: da können wir nichts machen.
3. Freund: Das berichtet auch das Radio und das Fernsehen.
4. Freund: Daran können wir alle nichts ändern. Kommt, laßt uns spielen gehen.

Olaf: Das haben unsere Eltern auch gesagt. Wir brauchen unser Geld für unsere Familie. Aber hört mal gut zu. Edgar hat eine gute Idee.

Edgar: Ja, habt ihr Lust mit uns von Haus zu Haus zu gehen und um eine kleine Spende zu bitten? Ich bin sicher, wir bekommen eine große Menge Kleinigkeiten zusammen. Diese Teile legen wir später zusammen und schicken sie in ein Land, in dem die Menschen hungern.

1. Freund: Das ist wirklich eine gute Idee!
2. Freund: Klar, das machen wir.
3. Freund: Worauf warten wir noch?
4. Freund: Ich hole einen großen Sack, da können wir alle Sachen reinlegen.

Sprecher: Die Freunde machten sich auf den Weg. Überall klingelten sie und baten um eine kleine „Essensspende“. Von allen Leuten bekamen sie eine Kleinigkeit. Und auf einmal war der Sack bis obenhin voll.

Edgar: Das war toll. Und jetzt überraschen wir unsere Eltern.

Sprecher: Die Kinder gingen mit ihrem großen Korb nach Hause. Die Eltern wunderten sich natürlich sehr.

Mutter: Wo kommt ihr denn her?

Vater: Woher habt ihr denn die vielen Sachen, habt ihr etwa Dummheiten gemacht?

Olaf: Wir haben für die hungrigen Menschen gesammelt.

Edgar: Weil uns jeder ein wenig gegeben hat, konnten wir viel sammeln.

1. Freund: Und natürlich viel helfen.
2. Freund: Das Sammeln hat Spaß gemacht!
3. Freund: Ja, wir könnten morgen wieder losgehen.
4. Freund: Haben sie auch eine kleine Spende für uns?

Mutter: Aber natürlich. Sehr gerne. Ich bezahle das Geld für den Abtransport der Pakete.

Vater: Und ich gebe euch die restlichen Sachen, damit das Paket ganz voll wird.

Mutter: Ihr seid ganz tolle Kinder, mit tollen, hilfreichen Ideen.

Kinder lindern Not

Während des Spiels sammeln die Kinder alle mitgebrachten Lebensmittel ein.

Sprecher: Ja, so geht das. Jeder, der gut überlegt, wie man anderen Menschen helfen kann, und dann seine Freunde zur Mitarbeit aufruft, ist wie ein Nikolaus. Solche Menschen brauchen wir, die klug sind und helfen, die Not anderer zu lindern.
Wir Kinder geben gerne etwas von unserem Essen ab. Dann werden auch die anderen Kinder satt.

Dann kommt der Nikolaus zu den Kindern und teilt an alle ein kleines Brot aus. Nachdem das geschehen ist, singen die Kinder.

Lied

Segne, Vater, diese Gaben. Amen. Amen (3 mal)

Der Pfarrer segnet die Brote.

Wir danken dir, Gott, für diese Feier.
Wir danken dir, Gott, für alle Menschen, die etwas mit uns teilen.
Wir danken dir, Gott, für alle Menschen, mit denen wir etwas teilen dürfen.
Wir bitten dich, Jesus, laß uns nie vergessen, wieviel Not es leider noch immer auf der Welt gibt.
Laß uns daran erinnert werden, wenn wir ein Stück von unserem Brot wegwerfen.
Laß uns daran erinnert werden, wenn wir Nahrungsmittel wegwerfen, die verfault sind, weil wir zu viel gekauft haben.

Nun wollen wir zum Gedenken aller Heiligen, die uns mit gutem Beispiel vorangegangen sind, das Brot brechen und teilen.
Jedes Kind gibt an die erwachsenen Gäste ein großes Stück von seinem Brot ab.

Lied

Kommt, sagt es allen weiter,
ruft es in jedes Land hinein.
Kommt, sagt es allen weiter,
der Herr ist gut zu uns (2mal).

2

Alle Kinder dieser Welt auf dem Weg nach Bethlehem

Weihnachtsgottesdienst

Zur Vorbereitung und Einstimmung in diesen Wortgottesdienst ist es sehr wichtig, den Kindern etwas von den jeweiligen Ländern und Lebensgewohnheiten dieser Völker zu vermitteln. Sehr spaßig und motivierend ist das Vorbereiten einiger Speisen sowie das Ausprobieren der jeweiligen Eßgewohnheiten. (Stäbchen = Chinesen; alle essen mit den Händen aus einem großen Topf = Afrikaner).
Zusätzlich kann besprochen werden, durch was *wir* unseren Glauben bekommen haben – wie die Menschen aus den verschiedenen Kulturbereichen, die es auf der Erde gibt.
Viele glauben an denselben Gott und befinden sich ständig auf dem Weg zu ihm, nicht nur zur Weihnachtszeit. Nur denken wir in dieser Zeit intensiver darüber nach.
Dieser Wortgottesdienst sollte in der ersten Adventswoche gefeiert werden. Im Anschluß daran kann man dann konkret auf das Weihnachtsgeschehen eingehen. Es besteht die Möglichkeit, mit den Kindern Parallelen zu der hier aufgezeichneten Geschichte zu suchen. Auch die Kinder können eine Geschichte erfinden, wie sie wohl den Weg nach Betlehem finden könnten.
In jedem Fall können sie das Weihnachtsgeschehen über diese Auseinandersetzung bewußter und tiefer erleben. Sie erfahren, wo es um dieselbe Sache geht, entsteht eine Verbundenheit – so auch im Glauben.

Beginn des Wortgottesdienstes

Nach einem musikalisch, festlichem Einzug (ohne Gesang) in die Kirche folgt eine kurze thematische Erläuterung durch die Leiterin. Sie bezieht sich auf die Konflikte und zwischenmenschlichen Probleme im allgemeinen und insbesondere auf die Rassendiskriminierung und deren Auswirkungen für das Zusammenleben der Menschen überhaupt. Sie eröffnet aber auch Schritte zur Lösung der Probleme, indem man den Wortgottesdienst bewußt verfolgt und sich aktiv mit den Gedankenanstößen auseinandersetzt.

Lied

Erste Strophe des Adventsliedes

Ein Afrikanerkind tritt mit seiner Mutter an den Altar. Die Mutter hält ihr Kind im Arm.

Kind: Vor einiger Zeit war ich hungrig und traurig. Jetzt geht es mir wieder gut, und ich bin fröhlich. Ich wohne in einem sehr schönen Land. Hier ist es sehr warm.
Ich danke dir, Gott, daß du mir durch die Hilfe vieler Menschen ein neues Leben geschenkt hast. Ein Leben ohne Hunger.

Mutter: Ich bitte dich, Herr, beschütze alle Menschen, die mein Kind und unsere ganze Familie mit ihren Spenden vor dem Hungertod gerettet haben.

Ein Indianerkind tritt mit seiner Mutter an den Altar. Die Mutter hält ihr Kind im Arm.

Kind: Auch wir haben den Weg zu euch nach Deutschland gefunden, um hier das schöne Weihnachtsfest zu feiern. Uns geht es gut, wir sind glücklich und zufrieden, dafür danken wir dir, Gott.

Mutter: Ich bitte dich, Herr, laß uns immer die Nähe von Menschen spüren, die uns mit unserer Rasse und Hautfarbe so annehmen, wie wir sind.

Ein Chinesenkind tritt mit seiner Mutter an den Altar. Die Mutter nimmt ihr Kind in den Arm.

Kind: Ich wohne hier in Deutschland, ich bin hier geboren, ich bin ein deutsches Kind. Ich danke dir, Gott, für all die deutschen Kinder, die mir ihre Liebe und Freundschaft geschenkt haben.

Mutter: Herr, ich bitte dich, laß die Menschen erkennen, daß wir Schmerzen empfinden wie sie, wenn wir uns verletzen oder wenn wir verletzt werden, so wie wir Freude und Glück empfinden, wenn wir spüren, daß uns jemand liebt.

Ein deutsches Kind tritt mit seiner Mutter an den Altar. Die Mutter nimmt ihr Kind in den Arm.

Kind: Ich bin ein deutsches Kind, ich liebe mein Land. Es ist ein reiches Land, das wir mit vielen Menschen teilen können. Darüber freuen wir uns, lieber Gott.

Mutter: Herr, unseren Familien geht es gut. Gib uns ein offenes Herz für die Menschen, die unserer Hilfe bedürfen. Gib uns die Kraft, sie nicht wegzuschicken, wenn wir spüren, daß wir ihnen helfen können mit einem lieben Wort, mit einem Lächeln, mit einer Gabe, die von Herzen kommt.

Lied

Schwarze, Weiße, Gelbe, Rote – Jesus hat sie alle lieb ...

Pfarrer:

Gott liebt alle Menschen, alle Familien. Er kennt die Freuden und die Leiden. Deshalb ist er zu uns in die Welt gekommen – Weihnachten – die Geschichte kennt ihr. Unsere Kinder erzählen sie heute ein wenig anders, als wir sie kennen. Könnte sie sich nicht auch so zugetragen haben?

Weihnachtsspiel

„Alle sind anders" *oder:* „Kinder aller Welt auf dem Weg nach Betlehem"

Indianer: Ich bin ein Indianer und komme aus Amerika. Ich heiße Kleinadlerauge. Mit meinem Pfeil und mit meinen Bogen schieße ich das schnellste Tier. Das ist mein Zelt. Es ist sehr praktisch für mich. Ich wandere gern. Wohin ich auch gehe, nehme ich es mit.
Seht ihr diesen Stern? Er führte mich nach Betlehem. Viele Tage und Nächte laufe ich schon hinter ihm her. Jetzt werde ich mir erst einmal eine Suppe kochen.

Er holt einen Topf aus seinem Zelt, das aufgebaut dasteht, und stellt ihn aufs Feuer.

Chinese: Guten Abend. Ich bin Ling-van-Lo, ein Chinesenjunge. Mein Land liegt weit von hier. Viele Tage bin ich mit dem Schiff gefahren. Das war sehr schön. Jetzt laufe ich schon viele Tage zu Fuß. Ich bin müde und hungrig. Hinten in dem kleinen Bach habe ich mir ein paar Fische gefangen, die teile ich gerne mit dir.

Indianer: Komm, setz dich zu mir ans Feuer, und erzähle mir, was du hier machst.

Chinese: O ja, vielen Dank. Diese Stern, siehst du ihn? Diesem Stern folge ich.

Indianer: Ich auch.

Afrikaner: Hallo, was sehe ich da? Nette Leute sitzen gemeinsam am Feuer und plaudern und essen! Ich werde mich hinzugesellen. Darf ich ein wenig bei euch ausruhen?

Indianer: Aber sicher, komm, setz dich zu uns. Möchtest du auch etwas Suppe?

Afrikaner: Ja, vielen Dank. Ich habe zwar meinen Hirsebrei mitgebracht, aber den können wir ja später noch gemeinsam essen.

Chinese: Woher kommst du?

Afrikaner: Ich komme aus dem Land der Sonne, aus Afrika. Hier wohne ich mitten im Dschungel, in einer Hütte aus Stroh. Afrika liegt viele Tagesreisen von hier entfernt. Ich folge diesem Stern.

Chinese und Indianer: Wir auch.

Afrikaner: Das ist ja toll, dann können wir ja zusammen weitergehen.

Chinese: Ja, gleich morgen früh.

Indianer: Da kommt noch jemand!

Eskimo: Ich falle bald um vor Müdigkeit. Ich habe Hunger wie ein Wolf. Ihr glaubt es nicht, aber ich komme vom Nordpol, wo ewiges Eis und Schnee ist, wo die Nächte lang und die Tage kurz sind. Da, wo die Menschen in Iglus leben und sich Kleider aus Tierhäuten nähen. Vor langer Zeit habe ich hier einen großen Stern gesehen. Dem folge ich. Ich kann fast nicht mehr weitergehen, so weh tun meine Füße.

Indianer: Komm, setz dich zu uns.

Afrikaner: Wir habe alle denselben Weg.

Chinese: Wir haben alle das gleiche Ziel.

Indianer: Ja, wir folgen alle dem Stern.

Afrikaner: Da höre ich noch jemanden kommen!

Weißer: Du hast recht. Ich komme aus Deutschland. Da, seht ihr den Stern? Dem folge ich.

Afrikaner/Indianer/Chinese/Eskimo: Wir auch!

Chinese: Kommt, laßt uns alle Freunde sein.

Eskimo: Ja, wir wollen ohne Streit den gemeinsamen Weg antreten.

Afrikaner: Ja, wir wollen gut vorbereitet sein auf das große Ereignis, das wir erleben.

Alle reichen sich die Hand.

Indianer: Kommt, wir rauchen noch eine Friedenspfeife, dann gehen wir weiter.

Weißer: Der Stern kommt näher.

Chinese: Ja, es kann nicht mehr weit sein.

Eskimo: Ich brauche nicht mehr weit zu gehen, juchhuuuuuu.

Afrikaner: Ich brauche keinen Hunger mehr zu leiden!

Weißer: Und ich werde endlich wieder ausschlafen können.

Indianer: Kommt! Leise, meine Freunde!

Sie schleichen bis zum Haus. Hier bleibt der Stern stehen.

Eskimo: Ich sehe eine Frau, einen Mann und ein Kind, das in der Krippe liegt.

Weißer: Sie scheinen zu frieren.

Afrikaner: Sie scheinen hungrig zu sein.

Chinese: Sie sehen müde aus.

Eskimo: Ich habe eine Idee. Damit sie nicht zu frieren brauchen, gebe ich ihnen meine Decke.

Afrikaner: Damit sie nicht mehr hungern müssen, gebe ich ihnen meinen Hirsebrei.

Chinese: Ich habe noch einen Fisch übrig, der schmeckt ihnen bestimmt auch.

Weißer: Damit sie sich gut ausruhen können, gebe ich ihnen mein Bett.

Indianer: Und ich gebe ihnen mein Haus, damit sie sich geborgen fühlen können.

Sie bringen die Geschenke.

Mann: Wir sind dankbar für diese Gaben.

Frau: Wir sind so froh, daß wir euch kennengelernt haben.

Mann: Das Kind in der Krippe wird immer euer Begleiter sein.

Frau: Jesus bringt Freude und Frieden in diese Welt. Vielen Dank.

Indianer: Habt ihr gehört, was der Mann gesagt hat?

Afrikaner: Habt ihr gehört, was die Frau gesagt hat?

Chinese: Ich bin froh, daß ich ihnen geholfen habe.

Eskimo: Ich bin froh, daß wir durch sie Freunde geworden sind.

Weißer: Ich glaube, daß durch sie alle Menschen Freunde werden könnten, wenn sie nur wollen.

Lied

Alle Kinder auf der Erde ...

Gemeinsames Gebet

Die Kirche ist jetzt ganz dunkel. Vor dem Gottesdienst hat jeder erwachsene Besucher eine Wunderkerze bekommen, die er nach Beendigung des Gebetes anzündet.

Herr, öffne unsere Ohren,
damit wir die Klagen der Menschen hören und ihnen helfen.
Herr, öffne unsere Augen,
damit wir nicht an einem bedürftigen Menschen vorübergehen.
Herr, öffne unsere Herzen,
damit wir erkennen, wie schön das Leben für einen schenkenden Menschen ist.
Wir möchten für hilfsbedürftige Menschen aller Rassen das Leben schöner und heller werden lassen, so wie du durch deine Geburt uns das Heil, das Licht der Freude und der Hoffnung gebracht hast.

Stille, bis die letzte Wunderkerze verlöscht ist.

Lied

Die letzten Strophen des Adventsliedes werden gesungen.

Dann können alle Leute nach vorne kommen und eine kleine Geldspende zu einer vorher festgelegten Sammelaktion beitragen.
Die Kindergartenkinder stellen sich am Ausgang der Kirche mit Plätzchen und selbstgebastelten Weihnachtsgrußkarten, die sie als ihr Geschenk an die Besucher verteilen.

Das anschließende Zusammensein findet im „Kindergartenrahmen“ statt.

3

Die Schöpfung sehen lernen

Frühlingsgottesdienst

Soll ein Wortgottesdienst für Kinder mit ihnen selbst geplant und gestaltet werden, ist es wichtig, daß die Kinder auch die Vorbereitungen schon intensiv erleben.
Es gilt langfristig zu planen und die Arbeiten so einzuteilen, daß sie Kinder und Erzieher kaum belasten. Die Vorbereitungszeit darf ruhig sechs bis acht Wochen in Anspruch nehmen und mit dem Monatsthema übereinstimmen.

Vorbemerkung

Auf jeden Fall ist für musikalische Begleitung zu sorgen. Hier gibt es einige Möglichkeiten:

1. Organist vorher ansprechen.
2. Einsatz von rhythmischen Instrumenten – Kinder/Eltern.
3. Flöte, Gitarre oder Akkordeon – Erzieher/Eltern.
4. Schallplatte/Kassettenrecorder.

Wichtig:
Vervielfältigte Lied- und Gebetstexte liegen auch für die übrigen Wortgottesdienstbesucher in der Kirche aus.

Beginn des Wortgottesdienstes

Nach einem festlichen Einzug in die Kirche tritt ein Kind an den Altar und spricht:

Lieber Gott,
wir sind heute zu dir in dein Haus gekommen,
um mit dir den Frühlingsanfang zu feiern.

Lied

Ein hierzu passendes Frühlingslied.

Dankgebete

Von Kindern vorgetragen:

1. Wir danken dir, lieber Gott, für die schönen Blumen, die wieder blühen.
2. Wir danken dir, lieber Gott, daß wir alle gesund und munter den Frühlingsanfang feiern können.
3. Wir danken dir, lieber Gott, daß du nach so vielen Wintermonaten die Sonne wieder scheinen läßt.
4. Wir danken dir, lieber Gott, daß du uns die Vögel wieder schickst, die so lange in einem anderen Land waren.
5. Wir danken dir, lieber Gott, für alles, was du für uns erschaffen hast. Amen.

Der Herr Pfarrer zeigt den Kindern 4 – 5 Dias von der Schöpfungsgeschichte und kommt mit ihnen darüber ins Gespräch. Es können auch von den Kindern selbst dargestellte Bilder sein, über deren Darstellung gesprochen wird.

Lied

Gott schuf einst Ordnung in dem Gewühle ...

Selbstgedichteter Text zur Schöpfungsgeschichte mit bekannter Melodie:

Gott schuf einst Ordnung in dem Gewühle.
So war's bis heute, wir danken dir Gott.

Gott schuf das Wasser, die Berge und das Land.
So war's bis heute, wir danken dir Gott.

Gott schuf den Himmel und die Gestirne.
So war's bis heute, wir danken dir Gott.

Gott schuf den Garten, das Obst und Gemüse.
So war's bis heute, wir danken dir Gott.

Gott schuf die Tiere, die Hunde und Katzen.
So war's bis heute, wir danken dir Gott.

Sprecher: Und zum Schluß, was denkt ihr wohl, schuf Gott uns Menschen. Wir alle zusammen, dürfen das, was Gott geschaffen und geordnet hat, hüten, pflegen und sehr lieben.

Gott schuf alle Menschen hier auf dieser Erde.
Ach, welche Freude, wir danken dir Gott.

Ein Kind tritt vor und spricht:

Gott, heute wollen wir dir besonders danken.
Danken für alles, was wir an Gutem sehen und hören.
Du hast vor langer Zeit alles für uns Menschen erschaffen,
damit wir Freude daran haben und nicht allein sind.

Lied

Hier soll ein Danklied eingesetzt werden.

Sprecher und Erzieher:

Uns geht es gut, wir können zufrieden sein und uns freuen. Aber so gut, wie es uns geht, geht es nicht allen Menschen. Darum bitten wir dich, lieber Gott.

Fürbitten

Von Kindern vorgetragen, die nebeneinander am Altar stehen und jeweils einzeln ans Mikrophon treten.

1. Laß auch die Kinder in den anderen Ländern und die wir nicht kennen, schöne Blumen sehen.
2. Laß auch für sie das Korn reifen.
3. Laß auch für sie die Tiere laufen, springen und fliegen.
4. Laß auch für sie die Blumen, die Bäume und Sträucher blühen.
5. Laß auch für sie das Leben schön und bunt sein, so wie es für uns schön und bunt ist.

Spiel zum Frühlingsgottesdienst

Mehrere kleine Regentropfen tanzen durch den Raum. Sie laufen so lange durcheinander, bis eine bestimmte Melodie aufhört. Jetzt stellen sich die Regentropfen im Halbkreis auf. Ein Regentropfen tritt vor und spricht:

1. Ich bin ein kleiner Regentropfen. Ich tränke die Erde. Dann können Blumen, Bäume und Sträucher wachsen. Die Menschen können sich über all die schönen Dinge freuen.

   Der kleine Regentropfen geht zu seinen Freunden zurück. Zwischenspiel auf der Flöte.

2. Ja, wenn wir nicht wären, dann könnte das Getreide nicht wachsen. Es gäbe keine Äpfel und Birnen. Auch auf Gemüse müßten wir verzichten.

Zwischenspiel auf der Flöte.

3. Es wäre kein Wasser zum Putzen da. Und die Menschen könnten nicht schwimmen gehen. Alle Lebewesen auf der Erde hätten fürchterlichen Durst.

Alle Regentropfen sprechen zusammen:

Ja, wir sind auf der Erde am wichtigsten.

Ein Kind kommt angesprungen und sagt:

O ja, so ist es, die Regentropfen sind auf der Erde am wichtigsten.

Durch das Klingen des Glockenspieles geweckt, tritt Frau Sonne in den Vordergrund.

Sonne: Was höre ich da? Die kleinen Regentropfen sollen auf der Erde am wichtigsten sein? Da muß ich aber lachen. Hi, hi, hi, hi. Wenn ich nicht wäre, würde alles auf der Welt verfaulen. Auf der Erde wäre alles kalt und dunkel. Nein, nein, glaubt mir, ich bin auf der Erde am wichtigsten.

Während die Sonne langsam wegtanzt, spielt das Glockenspiel.

Ein Kind kommt herbei und sagt:

Das stimmt. Die Sonne trocknet alles. Sie wärmt uns. Sie lockt die Blumen und die Tiere aus der Erde. Ohne sie könnten wir nicht leben.

Trommelschläge kündigen das Kommen des Windes an.

Wind: Hu-hu-hu. Keine Frage, ich bin hier der Wichtigste. Wenn es lang genug geregnet hat, blase ich die Regenwolken wieder weg und hole die Sonne herbei. Ich bin stark. Ich bin der Herr über Sonne und Regen.

Mit Trommelwirbel verschwindet er.

Ein Kind tritt hervor und sagt:

Ja, der Wind hat recht. Er ist sooo stark! Und weil er so stark ist und so mächtig, ist er ohne Zweifel der Wichtigste.

Ein anderes Kind kommt und sagt:

Da muß ich aber lachen. Ihr lieben Regentropfen, wir brauchen euch gewiß. Du Frau Sonne, ohne dich könnten wir nicht sein. Und was wären wir Menschen ohne den Wind?
Ich darf nicht daran denken, was passieren würde, wenn es einen von euch nicht gäbe. Aber am wichtigsten für uns Menschen ist ja wohl ein Anderer!
Ich denke, das ist Gott. Er hat alles hier auf der Erde in seiner Hand – die Sonne, den Wind, den Regen ... Denkt einmal darüber nach.

Lied

Was nah ist und was fern ist ...

Dieser Text sagt aus, daß auch das kleinste Lebewesen von Gott kommt.

Gemeinsames Gebet

Wir haben aus unserem Garten Blumen mitgebracht.
Blumen schenkt man denen, die man mag.
Blumen sind ein Zeichen der Dankbarkeit und der Liebe.
Du hast alles aus Liebe zu uns Menschen erschaffen.
Daran wollen wir denken und dankbar sein.

Jedes Kind bringt seine Blume nach vorne und stellt sie in eine dafür bereitgestellte Vase.

Lied

Von der Sonne

Einladung aller Gäste zu Kaffee und Plätzchen im Kindergarten. Begehrt sind auch Waffeln und kühle Getränke.

4

Es gibt für alles eine Zeit

Ostergottesdienst

Vorbemerkung:

Dieser Wortgottesdienst kann, mit einigen Varianten (andere Liedtexte, Spiele und Dias), zu verschiedenen Anlässen gestaltet werden, wobei die themenbezogenen Texte unverändert bleiben.

Vorbereitungen

Die Vorbereitungen beginnen, wie vor einem jeden Wortgottesdienst oder einer größeren Feier, sechs bis acht Wochen vorher. In diesem Falle konzentrieren sie sich auf die kommenden Ereignisse, die sich bis zum Beginn des Frühlings innerhalb der Natur ergeben.
Was geschieht unter der Erde (Tiere und Pflanzen). Welche Tiere kommen zurück? Welche beenden den Winterschlaf? Wie verhalten sich selbst die Menschen beim Wandel der Jahreszeit?
Alle Kinder (und deren Mütter) studieren fünf Lieder ein. Die Liedtexte werden vervielfältigt und liegen in der Kirche auch für die übrigen Besucher bereit.
Die Kinder bringen eine Blume mit in die Kirche.

Beginn des Wortgottesdienstes

Alle Kinder und Eltern ziehen gemeinsam in die Kirche ein. Die Glocken läuten, und Musik erklingt.

Lied

Osterlied

Ansprache

Die Leiterin – zur Wahl des Themas.
Jetzt kommen vier Kinder nach vorn und stellen sich nebeneinander auf.

Erstes Kind tritt an den Altar und spricht:

Es gibt für uns Menschen eine Zeit, in der wir ruhig sind,
eine Zeit, in der wir spielen,
eine Zeit, in der wir lachen, eine Zeit, in der wir weinen,
eine Zeit, in der wir schlafen, eine Zeit, in der wir essen,
eine Zeit, in der wir trinken.
Für diese Abwechslung in unserem Leben danken wir dir, Gott.

Sprecher – Erzieherin:

Es gibt nicht nur für uns Menschen eine bestimmte Zeit, die eingehalten werden muß.

Zweites Kind tritt an den Altar und spricht:

Es gibt für die Natur eine Zeit, in der sie ruht,
dies ist der Winter.
Es gibt eine Zeit, in der sie zu neuem Leben erwacht,
das ist der Frühling.
Es gibt eine Zeit,
in der sie auch die letzte Blüte zur Reife bringt
und uns Menschen schenkt,
das ist der Herbst.
Für diese Abwechslung in der Natur danken wir dir, Gott.

Sprecher – Erzieherin:

Für alle Lebewesen auf der Welt gibt es eine Zeit, auf die es sich zu warten lohnt.

Drittes Kind tritt an den Altar:

Es gibt eine Zeit,
in der die Pflanzen unter der Erde
auf warme Sonnenstrahlen und Regen warten.
Es gibt eine Zeit, in der die Pflanze wächst.
Es gibt eine Zeit, in der die Pflanze blüht.
Es gibt eine Zeit, in der die Pflanze welkt,
um einmal wieder zu erblühen.
Für diese Zeiten danken wir dir, Gott. Denn jede Zeit ist schön.

Sprecher – Erzieherin:

Ja, jede Zeit ist schön, sie ist es wert, daß wir sie erleben und durchleben. Leben wir diese Zeit so, daß wir gerne an sie zurückdenken.

Viertes Kind tritt an den Altar:

Es gibt eine Zeit der Ruhe.
Es gibt eine Zeit der Arbeit.

Es gibt eine Zeit der Kälte.
Es gibt eine Zeit der Wärme.

Es gibt eine Zeit des Reifens.
Es gibt eine Zeit des Wachsens.
Es gibt eine Zeit der Ernte.

Jetzt fassen sich die Kinder an der Hand zum Zeichen des Ineinanderübergehens der Zeiten und sprechen gemeinsam:

Für all diese Zeiten danken wir dir, Gott.

Spiel

Einige Kinder haben ein Singspiel vorbereitet. Kleine Blumen wachsen und fühlen sich von den Sonnenstrahlen aus der Erde hervorgehoben.
Die Kinder sollen nach Möglichkeit selbstgebastelte Kostüme tragen.

Dankgebet

Von einem Kind vorgetragen:

Wir danken dir, Gott,
für alle Blumen, Bäume und Sträucher,
die du für uns Menschen wachsen läßt.
Wir bitten dich, Gott,
lasse auf der Erde noch lange die Blumen,
Bäume und Sträucher wachsen.

Spiel

Einige Kinder spielen ein Singspiel, das zeigt, wie kleine Blätter sich freuen, daß sie wachsen und sich entfalten.

Dankgebet

Von einem Kind vorgetragen:

Wir freuen uns darüber,
daß unsere Welt noch viele gesunde,
kleine, grüne Blätter hervorbringt.
Dafür danken wir dir, Gott.

Wir bitten dich,
laß den Erwachsenen bald etwas einfallen,
damit die Pflanzen nicht sterben müssen.

Spiel

Einige Kinder spielen ein Singspiel, in dem Tiere sich über die auflebende Natur und den Sonnenschein freuen.

Dankgebet

Von einem Kind vorgetragen:

Lieber Gott,
du läßt so viele Tiere aus der Erde krabbeln,
so viele Vögel fliegen,
dafür danken wir dir.
Wir bitten dich,
laß es mit Hilfe der Menschen mehr
und nicht weniger Tiere auf dieser Erde geben.

Lied

Alle singen ein Danklied. Der Herr Pfarrer zeigt den Kindern vier Dias.

1. Jesus mit seinen Freunden,
2. Jesus alleine,
3. Jesus am Kreuz,
4. Jesus ist auferstanden.

Wichtig:

Die Kinder und die übrigen Anwesenden sollen erkennen:
Auch im Leben Jesu gab es für alles eine Zeit. Die Zeit der Freude und auch die Zeit des Leidens. Er hat jede Zeit angenommen.

Lied

Es soll ein fröhliches Lied sein.

Alle Kinder und Gäste treten vor den Altar. Jedes Kind bringt seine Blume nach vorne und stellt sie in eine Vase.

Ein Kind spricht:

Lieber Gott,
wir danken dir für die Zeit dieses Gottesdienstes,

den wir heute mit unseren Freunden hier feiern durften.
Behüte alle Menschen,
die mit uns durch die Zeit hier auf der Erde gehen,
die uns begleiten und beschützen. Amen.

Anschließende Feier

Jetzt können die Kinder ihr Osternest suchen. Dieses könnten die Erzieherinnen und die Mütter der Kinder vorher basteln.
Jeder, der mitfeiert, bringt eine Kleinigkeit für das Büfett mit: Schnittchen, Kaffee, Milch, Trockenkuchen.
Die Kinder sollen mit dem Kirchgang, den sie als schön und harmonisch erleben, die starke Gemeinschaft der Besucher spüren. Darum ist es auch sehr wichtig, daß viele Leute aktiv an den Vorbereitungen beteiligt sind.

5

Wir feiern Muttertag

Mariengottesdienst

Themenwahl

Jedes Kind hat eine Mutter (Mutter, Oma, Urgroßmutter).

Zielgruppe sind die Mütter, Omas, Urgroßmütter der Kindergartenkinder. Vertreter dieser Zielgruppe werden an den Vorbereitungsarbeiten beteiligt. Das ist wichtig, damit ein Zusammengehörigkeitsgefühl entstehen kann.

Vorbereitungen

Wir drucken mit den Kindern Einladungskarten für unsere Gäste. Es macht nichts, wenn entweder nur die Mutter oder Oma oder Urgroßmutter mitkommen kann. Wichtig ist jedoch, daß wenigstens eine der genannten Personen das Kind begleitet.
Für die Mütter basteln wir mit den Kindern Muttertagsgeschenke, die ohnehin auf dem Programm stehen. Für die Omas basteln wir Gipsvasen und für die Urgroßmütter malen wir ein Bild mit Wasserfarben, das später mit Lack bestrichen und mit Korkstreifen umrahmt wird.
Für das Marienbild in der Kirche gießen wir Kerzen.
Für den Altar nehmen wir einen Strauß Blumen mit.
Die Lied- und Gebetstexte sollen für alle Besucher in der Kirche bereitliegen.
Für die Feier nach dem Wortgottesdienst bitten wir jeden Gast, einen Salat oder Brot oder Wurst oder Warmhaltekannen mit Kaffee zu spendieren.

Beginn des Wortgottesdienstes

Die Kinder und die Gäste ziehen gemeinsam in die Kirche ein. Nachdem die festliche Musik verklungen ist, singen alle gemeinsam ein Lied nach der Melodie „Kommt ein Vogel geflogen“.

Lied

O Maria, Muttergottes,
wir haben dich lieb,

wir sind deine Kinder
und danken dir sehr.

Maria, wir Kinder
kommen gerne zu dir,
in das Haus deines Sohnes,
darum sind wir heute hier.

Schütze alle deine Kinder
auf der großen, weiten Welt,
laß uns niemals ganz alleine,
wenn uns irgend etwas quält.

Zwischen den einzelnen Strophen sollte ein Zwischenspiel mit Flöte eingebaut werden.

Gebet

Alle sprechen mit.

Gott, unser Vater, wir danken dir,
daß du uns allen in Maria, der Mutter deines Sohnes Jesus, eine gemeinsame Mutter geschenkt hast.
Wir sind hierher gekommen, um an sie zu denken.
Aber wir wollen auch über unsere Mutter nachdenken,
die täglich für uns da ist,
immer bereit, für uns zu arbeiten
und uns ihre Hilfe zu schenken. Amen.

Gedanken zum Gottesdienst

Die Leiterin wendet sich an die Eltern.

Warum haben wir uns diesem Thema zugewandt? Was haben wir mit den Kindern besprochen – im menschlichen und religiösen Bereich? Worauf wollen wir aufmerksam machen?

Fürbitten

Von Kindern vorgetragen:

Jesus, wir bitten dich, laß uns nie vergessen, daß deine Mutter auch unsere Mutter ist.

Jesus, laß uns unsere Mutter so lieben, wie du deine Mutter liebst.

Jesus, bitte beschütze unsere Mutter, und behüte sie.

Jesus, unsere Mutter arbeitet so viel für uns, erinnere uns daran, daß auch wir unserer Mutter helfen.

Sprecher – Erzieher:

Was tut unsere Mutter alles für uns? Wir brauchen sie nur zu rufen und zu bitten, und schon ist sie zur Hilfe bereit.

Zehn Kinder stellen sich mit verschiedenen kleinen Gegenständen, die sie zu ihrem Text passend mitgebracht haben, an den Altar. Das jeweilige Kind, das an der Reihe ist, tritt vor und formuliert seine Frage. Nachdem es eine Antwort bekommen hat, geht es wieder an seinen Ausgangspunkt zurück. Später treten alle gemeinsam wieder an ihren Platz zurück.

1. Mutter, kämmst du mir mein Haar? – Kamm und Bürste hochheben. –
2. Mutter, wäscht du mir meine Hose? – Hose hochhalten. –
3. Mutter, es regnet, fährst du mich mit dem Auto in den Kindergarten? – Größeres Spielzeugauto heranfahren. –
4. Mutter, ich habe Hunger, kochst du mir mein Lieblingsessen? – Topf und Rührlöffel. –
5. Mutter, liest du mir eine Geschichte vor. – Buch. –
6. Mutter, ich habe Bauchweh, gehst du mit mir zum Arzt?
7. Mutter, ich brauche jemand, der mir bei den Schulaufgaben hilft! – Heft und Stifte. –
8. Mutter, spielst du mit mir? – Spielsachen. –
9. Mutter, gehst du mit mir auf den Spielplatz? – Mantel. –

   Mutter, ich bin froh, daß ich dich habe!

Sprecher – Erzieher oder eine Mutter:

Dieser Sprecher gibt auf jede Frage, die ein Kind stellt, eine bejahende Antwort und formuliert nach Belieben noch einen Zusatz.

Sprecher – Erzieher oder eine Oma:

Haben Sie schon einmal darüber nachgedacht, wie oft ein Kind in seinem Leben das Wort Mutter ausspricht?
Wie oft ein Kind seine Mutter um etwas bittet?
Und welche Mutter schlägt eine Bitte ihres Kindes ab, wenn es ihr irgendwie möglich ist, sie zu erfüllen?

Sechs Mütter stellen sich an den Altar und treten jeweils nach vorne, wenn sie an der Reihe sind. Später treten sie dann gemeinsam ab.

Der Sprecher bejaht auch hier alle Fragen mit einem netten Zusatz.

1. Mutter, kannst du morgen Abend auf die Kinder aufpassen? Rudi und ich möchten in die Oper gehen.
2. Mutter, ich bekomme Gäste, hilfst du mir bei den Vorbereitungen für das Abendessen?
3. Mutter, ich möchte wieder für halbe Tage arbeiten gehen, nimmst du die Kinder so lange zu dir?
4. Mutter, wir möchten für einige Tage verreisen, achtest du auf unser Haus und versorgst die Tiere?
5. Mutter, ich möchte mir die neuen Gardinen selbst nähen, hilfst du mir dabei?
6. Mutter, ich brauche dich dringend, kommst du?

Sprecher – Erzieherin:

Wir können sicher sein, eine Mutter kommt und hilft.

Lied

Kann ein Muttertagslied sein.

Gebet

Ja, lieber Gott, wir können fröhlich sein.
Du hast uns eine Mutter geschenkt.
Unsere Mutter sorgt jeden Tag für uns.
Sie gibt deine Liebe an uns weiter.
Wir danken dir dafür. Amen.

Der Priester erzählt eine Geschichte aus dem Leben der Gottesmutter. Auch sie hatte immer wieder Sorgen und Ängste um ihr Kind, aber auch viel Freude.

Lied

Marienlied aus dem Gebetbuch.

Kind: Lieber Gott, weil du uns so eine liebe Mutter geschenkt hast, schenken wir dir diese Blumen.

Das Kind stellt die Blumen in eine Vase.

Kind: Maria, damit jeder dein Bild sieht und an dich denkt, schenken wir dir diese Kerzen.

Lied

Alle singen nach dem Segen:

Maria, breit den Mantel aus.

Danach folgt eine kleine Feier im Pfarrsaal oder im Kindergarten. Zum Schluß bekommen die Gäste ihre Geschenke.

6

In den Ferien Gott begegnen

Wortgottesdienst

Vorüberlegungen zum Monatsthema:

Wer verreist? Womit können wir verreisen? Was und wen nehmen wir mit? Wer bleibt zu Hause? Welche Möglichkeiten der Erholung gibt es? Welche Arbeiten erwarten uns vor – welche nach dem Urlaub?

Erfahrung

Nach jeder Anstrengung folgt eine Phase der Entspannung, die uns wieder neue Kraft gibt.

Vorbereitungen

Alle Vorüberlegungen, die aus dem Monatsthema hervorgehen, werden in Form von Spielideen, Liedern und Textzusammenfassungen für den Gottesdienst verwendet. Im Mittelpunkt steht die Überlegung, wie wir auch in den Ferien anderen helfen können, wie wir Freude und eine schöne Urlaubsstimmung verbreiten und wie wir dadurch Gott in den Ferien begegnen.

Beginn des Wortgottesdienstes

Die Kinder ziehen mit selbstgebastelten Fahnen des jeweiligen Landes, in dem sie ihren Urlaub verbringen bzw. bekleidet mit den Teilen, die sie im Urlaub bevorzugen – Schwimmflossen, Sonnenbrille, Bergsteigerkluft, Schwimmreifen etc. – in die Kirche ein. Gefolgt werden sie von den Eltern und Gästen. Musik machen sie selbst, auf Instrumenten ihrer Wahl.

Ein Kind tritt an den Altar:

In den Ferien Gott begegnen, geht das? Habt ihr schon einmal darüber nachgedacht? Nein? Aber wir Kinder haben darüber nachgedacht. In unserem Ferienspiel wollen wir euch das zeigen.

Lied

Kinder, laßt uns fröhlich sein
oder ein Lied über die Sonne

Acht Kinder treten an den Altar mit der jeweiligen Nationalflagge:

1. Ich fahre mit meinen Eltern auf einem großen Schiff von Toulon, das liegt in Frankreich, nach Tanger, das liegt in Afrika. Hier in Afrika bleiben wir drei Wochen.
   Gott, beschütze uns in dieser Zeit.
2. Ich fliege mit der Condor, das ist ein großes Passagierflugzeug, von Frankfurt, das ist ein Flughafen in Deutschland, über den Atlantischen Ozean nach Teneriffa, das ist eine spanische Insel. Lieber Gott, laß uns so gesund nach Hause kommen, wie wir hinfliegen.
3. Ich fahre mit den Eltern meines Freundes mit dem Auto nach Texel, das ist eine kleine holländische Insel. Hier werden wir in einem Zelt leben.
   Lieber Gott, laß uns dort nette Spielkameraden treffen, mit denen wir spielen können und uns gut verstehen.
4. Ich fahre, mit noch vierzig anderen Leuten in einem großen Bus nach Tortoretto, das liegt in Italien. Wir können im Adriatischen Meer schwimmen.
   Gott, laß uns in diesem Urlaub viel Erholung und Freude finden.
5. Ich fahre mit dem Auto nach Banja Luca, das liegt in Jugoslawien. Wir werden dort vierzehn Tage mit einem Pferdewagen über Land fahren.
   Lieber Gott, wenn du uns begleitest, wird es sicher eine schöne Reise werden.
6. Wir fahren in das Land der tausend Seen, nach Schweden. Hier werden wir viele Wanderungen machen.
   Gott, mach unsere Augen auf für die schöne Natur dieses Landes, die zu deiner Schöpfung gehört.
7. Wir fahren mit dem Zug nach Avignon, das liegt in Frankreich. Hier wohnt meine Großmutter.
   Lieber Gott, laß sie noch lange leben, damit wir sie noch oft besuchen können.

Erläuterung

Nach jeder Fürbitte tritt das betreffende Kind, begleitet von zwei anderen Kindern, die das entsprechende Fahrzeug tragen, wieder ab. (Die Fahrzeuge werden aus Pappe ausgeschnitten und von den Kindern vorher bemalt.)

Lied

Von der Eisenbahn

Der Herr Pfarrer erzählt den Kindern eine Geschichte aus dem Leben Jesu:

1. Erschaffung der Welt – Siebter Tag – Ruhetag.
2. Auch Jesus hat am Sabbat geheilt.

Spiel

In den Ferien Gott begegnen

Erstes Kind: Schau mal, Simone. Ich habe einen tollen Sonnenschutz für meine Augen. Ich habe mir die Brille von meinem Taschengeld selbst gekauft.

Zweites Kind: Ja, die Brille ist sehr schön. Meinen Sonnenschutz habe ich geschenkt bekommen. Wie findest du meine Schirmmütze?

Erstes Kind: Auch schön. Komm, wir tauschen einmal.

Beim Tauschen fällt die Brille hin und ist kaputt. Stephanie ist sehr traurig. Simone tröstet sie.

Zweites Kind: Mußt nicht weinen, Stephanie. Komm mit mir nach Hause. Ich schenke dir eine Schirmmütze von mir. Dein Vater kann sie sicher wieder reparieren.

Erstes Kind: Du bist aber lieb, Simone. Jetzt bin ich schon nicht mehr so traurig.

Beide Kinder gehen zusammen fort.

Sonja: Ich bin Sonja. Ich hab' noch eine kleinere Schwester. An manchen Tagen hat meine Mutter viel Arbeit, und dann muß ich auf Michaela aufpassen. Ich tue das nicht so gerne. Aber ich muß immer daran denken, daß Michaela sonst alleine spielen muß. Dann ist sie traurig und weint. Darum spiele ich heute mit ihr auf unserer Wiese im Planschbecken. Ich kann ja morgen wieder mit meinen Freunden spielen.

Michaela: Sonja, kommst du? Ich habe schon meine Schwimmflügel an. Und für dich habe dich den Schwimmreifen mitgebracht.

Sonja: Das ist lieb von dir, Michaela. Vielen Dank. Spielt ihr auch manchmal mit euren Geschwistern? Mir macht es oft riesigen Spaß. Noch dazu, wenn man jemandem dabei helfen kann.

Michaela: Ich freue mich immer, wenn Sonja mit mir spielt, dann bin ich nicht so alleine.

Erstes Kind: Guten Morgen, Marcel, wo kommst du denn her?

Zweites Kind: Guten Morgen, Sven. Ich habe mir gerade eine Badekappe gekauft. Die werde ich gleich einmal ausprobieren. Ich muß mir nur zu Hause noch meine Badehose holen.

Erstes Kind: Ich will auch gerade schwimmen gehen mit meinen neuen Schwimmflossen.

Zweites Kind: Das ist ja prima, dann können wir ja zusammen gehen. Wartest du auf mich?

Erstes Kind: Gerne, da fällt mir ein, ich habe meine Badekappe vergessen.

Zweites Kind: Das macht nichts, ich kann dir ja meine Badekappe gleich einmal ausleihen.

Erstes Kind: Prima, dann brauche ich nicht mehr nach Hause zurück. Du kannst auch gleich meine Schwimmflossen einmal geliehen haben.

Zweites Kind: Darauf freue ich mich schon. Komm, wir beeilen uns!

Erstes Kind: Jippi, Tanja und ich wandern heute in die Berge. Ich habe meinen Rucksack schon gepackt. Der ist sehr schwer. Da sind Brote, Kuchen, Getränke und Obst für den ganzen Tag drin.

Zweites Kind: Soll ich dir beim Tragen helfen?

Erstes Kind: Das ist eine gute Idee.

Drittes Kind: Hallo, Tanja, hallo, Saskia. Darf ich mit euch gehen?

Zweites Kind: Ja, gerne! Wir haben auch noch für dich etwas zum Essen und zum Trinken übrig.

Drittes Kind: Darf ich den Rucksack auch einmal tragen?

Erstes Kind: Ja, wenn wir auf dem Heimweg sind. Jetzt ist der Rucksack für dich zu schwer.

Zweites Kind: Komm, wir machen uns auf den Weg.

Erstes Kind: Das wird sicher ein schöner Tag.

Drittes Kind: Ich freue mich schon sehr.

Ein Kind alleine:

Auch ich habe jetzt Ferien. Ich bleibe aber zu Hause in München. Wenn ich da meine Augen offenhalte, kann ich auch überall Kinder finden, mit denen ich spielen und teilen kann; denen ich helfen und die ich manchmal auch trösten kann. Unsere Kindergärtnerin sagt, das macht Jesus Freude. Macht ihr mit? Die Ferien werden vielleicht noch viel schöner, wenn wir anderen Spielkameraden helfen.
Jetzt gehe ich mit meinem neuen Badeanzug zum Schwimmen. Vorher möchten wir alle zusammen aber Jesus noch danken für alles, was er uns geschenkt hat.

Lied

Wer hat die Sonne denn gemacht?

Abschlußgebet für alle

Guter Gott,
wir wissen jetzt, worauf wir im Urlaub achten müssen,
damit wir dir begegnen können.
Wir haben viel von den Kindern gelernt
und möchten ihre Ideen aufgreifen
und in die Tat umsetzen.
Verschönere unseren Urlaub durch Gelegenheiten,
bei denen wir anderen Menschen helfen dürfen. Amen.

Mit dem Lied „Das Wandern ist des Müller Lust" verlassen alle die Kirche und treffen sich an einem anderen Ort zu einem kleinen Umtrunk.

7

Wir fangen neu an

Wortgottesdienst zur Entlassung und zum Neubeginn im Kindergarten

Vorbereitungen

Einen Neubeginn wagen – im Vertrauen auf Gott. Dieser Gedanke steht im Mittelpunkt unserer Betrachtung. Unser Leben beginnt täglich neu. Mit jedem Tag bekommen wir eine Chance, unser Leben neu zu überdenken, es besser zu machen als am Vortag, etwas gut zu Ende zu führen, was man begonnen hat.
Als Beispiel für einen totalen Neubeginn wählten wir Noach. Wer war er? Warum durfte er den Neubeginn wagen?
Neben Noach sehen wir uns noch andere Menschen an, von denen die Bibel berichtet. Menschen, die auf Grund ihres Glaubens von Jesus ein neues Leben geschenkt bekamen.

Zielgruppe

Alle Kinder, die aus dem Kindergarten entlassen werden, und alle Kinder, die ihren Platz übernehmen, mit ihren Eltern.

Beginn des Wortgottesdienstes

Festlicher Einzug. Die zukünftigen Schulkinder gehen, die Kindergartenfahne tragend, an die Spitze. Sie haben ihre Schultasche mitgebracht und alle zukünftigen Kindergartenkinder ihre Kindergartentasche. Jeder hat etwas zum Naschen mitgebracht für die anschließende Feier.

Lied

Du hast uns, Herr, gerufen ...

Erstes Kind: Ja, Jesus, du rufst uns täglich. Laß uns deine Stimme nicht überhören.

Zweites Kind: Gott, wir sind alle deine Kinder. Du bist unser Vater.

Einem Vater kann man vertrauen. Schenke uns täglich deine Liebe, und beschütze uns.

Drittes Kind: Jesus, du hast uns viele Beispiele für einen Neubeginn gegeben. Laß uns so auf deine Hilfe vertrauen, wie die Menschen, denen du geholfen hast.

Viertes Kind: Glaube, Vertrauen und Liebe. Das ist alles, was du von uns verlangst. Manchmal ist es schwer zu glauben, zu vertrauen und zu lieben. Hilf uns dabei.

Fünftes Kind: Im Vertrauen auf deine Hilfe und auf die Führung in ein neues Leben wagen wir mit dir den Neubeginn. Amen.

Lied

Lasset uns gemeinsam ...

Der Herr Pfarrer zeigt den Kindern vier Dias von Menschen, die einen neuen Anfang wagen:

1. Ein Baby,
2. Ein Kindergartenkind,
3. Ein Schulkind,
4. Bartimäus.

Erfahrung

Alle werden sie getragen von der Liebe Gottes, von ihrem eigenen Glauben, von Menschen, die ihnen zur Seite stehen und ihnen den Neubeginn erleichtern.

Jesus Bartimäus hat fest an seine Heilung durch dich geglaubt.
Alle: Wir bitten dich, stärke auch unseren Glauben.

Wir sind jetzt bald Schulkinder. Wir brauchen einen Menschen, der viel Geduld mit uns hat.
Alle: Gib diesem Menschen die Kraft, uns so zu lieben, wie wir sind, dann schaffen wir es.

Ich werde bald ein Kindergartenkind. Ich freue mich auf diesen Tag.
Alle: Jesus, gib mir eine geduldige Erzieherin, und laß die Kinder nett zu mir sein. Denn wo ich Wärme spüre, fühle ich mich wohl.

Mutter: Auch ich war einmal ein Baby. Ich durfte wachsen und hatte später als Mutter selbst das Glück, einem Kind das Leben zu schenken.

Alle: Laß mich immer wissen, was meinem Kind fehlt, damit es ein lebensfroher Mensch wird. Amen.

Lied

Gib uns Frieden jeden Tag ...

Erzieher

Unsere Kinder haben einen Mann aus der Bibel kennengelernt, dem Gott den Auftrag zu einem Neubeginn gab. Wer es war und wie sehr er Gott vertraut hat, hören und sehen wir jetzt im Spiel der Kinder.

Spiel

Den Neubeginn wagen

Alle Kinder haben mit an der Seitenansicht der Arche gemalt. Sie besteht aus Pappe und ist 2 Meter hoch und 4 Meter lang. Es wurde eine Türe und Fenster eingeschnitten.

Sprecher:

Da steht sie, die stolze Arche. Noach hat sich wirklich sehr viel Mühe gemacht. So wie es aussieht, ist er gleich fertig. Ah, ja, da legt er auch schon sein Werkzeug weg. Er streckt sich. Ein wirklich schönes Schiff. Wer kommt denn da? Na, schauen wir es uns gemeinsam an.

Zwei Vögel kommen angeflattert.

Pip, Pip, Pip. Hallo, Noach. Wir hörten von deiner großen Reise, von deinem Neubeginnn. Wir möchten ihn mit dir erleben. Hast du etwas dagegen?

Noach: Aber nein, meine Kleinen. Ihr dürft als erste einen Platz in meinem Schiff aussuchen.

Zwei Vögel: Pip, Pip, Pip. Vielen Dank.

Zwei Katzen kommen geschlichen.

Miau, Miau. Wir sind ganz leise Zeitgenossen und sehr sauber. Unser Gewicht ist gering, nimmst du uns mit auf die Reise?

Noach: Steigt nur ein, wir haben noch sehr viel Platz.

Zwei Katzen: Miau, Miau. Vielen Dank.

Zwei Hühner kommen.

Tuck, Tuck, Tuck. Ohne uns bekommst du keine Eier, du brauchst uns! Oder willst du ohne uns fahren?

Noach: Natürlich nicht, liebe Hühner. Steigt ein, und legt für uns alle ein Ei.

Zwei Hühner: Tuck, Tuck, Tuck. Das hätten wir geschafft. Vielen Dank.

Zwei Kühe kommen.

Muh, Muh, Muh. Wir bringen dir frische kühle Milch an Bord deines Schiffes, daraus kannst du viele schöne Sachen machen. Dürfen wir einsteigen?

Noach: Auf euch habe ich schon gewartet, ich freue mich, daß ihr gekommen seid.

Zwei Kühe: Muh, wir legen uns gleich aufs Stroh.

Zwei Schweine kommen.

Grunz ... Zu einem Neubeginn braucht man Kraft. Kraft bekommt man vom Schweinefleisch. Nimmst du uns mit?

Noach: Schweinefleisch brauchen wir unbedingt. Steigt ein, meine Ferkelchen.

Zwei Schweine: Grunz, das haben wir uns schon gedacht.

Zwei Hunde kommen gelaufen.

Wau, Wau, Wau. Wir sorgen auf dem Schiff für Ruhe und Ordnung, hast du noch ein Plätzchen frei für mich und meine Frau, Wau, Wau?

Noach: Ruhe und Ordnung, ja, die brauchen wir. Steigt ein.

Zwei Hunde: Wau ... Ein netter Mensch, dieser Noach!

Zwei Käfer kommen geflogen.

Hallo, Noach, wir sind fast die kleinsten Geschöpfe Gottes. Wir brauchen nur ein winziges, warmes Plätzchen. Wir lieben die Wärme. Wenn es auf deinem Schiff warm ist, fahren wir mit.

Noach: Bei uns ist es schön warm. Steigt nur ein.

Zwei Käfer: Vielen Dank, wir suchen, bis wir einen warmen Platz gefunden haben.

Zwei Schmetterlinge kommen angeflogen.

Noach, hast du für uns eine Blume an Bord? Ohne den Duft von Pflanzen können wir nicht leben!

Noach: Gut, daß ihr mich daran erinnert. Ich hole gleich einige Pflanzen.

Zwei Schmetterlinge: Wir steigen schon einmal ein, wenn du nichts dagegen hast.

Zwei Schafe kommen.

Mäh, Mäh, Mäh. Für einen Neubeginn braucht man auch neue Kleider. Die kannst du aus unserer Wolle herstellen. Wie wäre es mit uns als Passagieren?

Noach: Eine gute Idee. Nur schnell herein in die gute Stube.

Zwei Schafe: Mäh, wir freuen uns riesig auf die große Fahrt.

Zwei Elefanten kommen.

Leicht sind wir nicht, auch nicht gerade klein, wir sind auch beim Essen nicht anspruchslos. Nützlich sind wir auch nicht, aber lieb sind wir. Genügt das, um Einlaß zu finden?

Noach: (Er lacht). So schöne Tiere muß man einfach mitnehmen.

Zwei Elefanten: Das meinen wir auch. Komm, meine liebe Frau, geh vor.

Zwei Löwen kommen.

Den König der Tiere willst du ja nicht an Land lassen, oder? Ich denke, wir bekommen den besten Platz. Wo dürfen wir uns hinlegen?

Noach: Willkommen, du König der Tiere! Dein Platz ist bereit.

Zwei Löwen: Das ist ja toll! Vielen Dank.

Zwei Tiger kommen gerannt.

Noach, wir sind schrecklich gerannt. Wir hatten Angst, wir kommen zu spät. Sind schon alle da?

Noach: Nein, habt keine Angst, sucht euch einen Platz. Wir müssen noch warten. Ruht euch aus!

Zwei Tiger: Da haben wir aber Glück gehabt, vielen Dank.

Sprecher:

Es kamen noch viele Tiere, bevor Noach seine Familie einließ und die Türe schloß.
Was dann kam, das wißt ihr alle. Es war nicht so schön. Viele Tage fuhr das Schiff über das Wasser, bis Noach eine Taube aussetzte, die mit einem Zweig von einem Ölbaum das Zeichen des Lebens brachte.

Das Wasser ging zurück, der Regenbogen erschien am Himmel, und das Schiff fuhr auf Land.

Noach: Schaut euch den Regenbogen an. Ist die Welt nicht herrlich?

Alle Tiere: Die Welt ist wunderschön, das Leben ist bemerkenswert.

Noach: Kommt, laßt uns den Neubeginn, den uns der Herr schenkt, annehmen und wagen. Was Gott uns gibt, ist gut.

Alle Tiere: Ja, wir wollen unser Leben dankbar annehmen.

Alle Tiere verlassen hintereinander das Schiff. Während sie aussteigen und auf ihren Platz gehen, erklingt eine lustige Melodie.

Schlußgebet für alle

Guter Gott,
Noach war ein guter Mann.
Er hat nach deinem Wort gehandelt,
weil er dich liebte und dir vertraute.
Wir vertrauen dir unsere Kinder an
und bitten dich in ihrem Namen:
Schenke ihnen eine schöne, zufriedene Kindergartenzeit.
Laß die Schulkinder mit ihren Aufgaben wachsen
und nicht an ihnen verzweifeln.
Gib uns allen die Kraft, ihnen zu helfen
und ihnen ein guter Freund zu sein,
der sie jeden Tag mit allen ihren Eigenschaften
neu annimmt und bejaht. Amen.

Lied

Großer Gott, wir loben dich.

8

Für die Ernte danken

Gottesdienst zum Erntedankfest

Ausgangspunkt unserer Betrachtung

Wir ernten die verschiedensten Früchte in verschiedenen Ländern und Erdteilen. Welches Land kann welche Früchte an andere Länder abgeben? Wie kommen die Früchte in unser Land? Welche Leute arbeiten täglich, damit wir zu essen haben? Dieser Themenkomplex kann auf mehrere Gruppen aufgeteilt werden. Das hat den Vorteil, daß man nicht so früh mit den Vorbereitungen beginnen muß, und später, beim Vortragen in der Kirche, können die Kinder voneinander lernen.

Einzug

Einige Kinder tragen gebundene Ähren, andere verschiedene Obst- oder Gemüsearten oder Blumen oder Nationalflaggen. Ein passendes Lied hierzu ertönt von der Schallplatte, bis alle Kinder und Gäste ihren Platz gefunden haben.
Der Herr Pfarrer begrüßt die Kinder und Gäste und liest einen passenden kleinen Psalm vor.

Kurze Besinnung

Erstes Kind: Jetzt, während wir hier unseren Erntedankwortgottesdienst feiern, ernten viele Menschen in vielen Ländern für uns.

Zweites Kind: Auch wenn wir längst schlafen, fahren die Maschinen über die großen Felder und bringen die Ernte ein.

Drittes Kind: Während wir im Kindergarten spielen, wird in vielen Fabriken aus den Obstsorten Marmelade gemacht.

Viertes Kind: Auch wenn wir nachmittags mit dem Fahrrad fahren, mahlen viele Mühlen das Getreide für unser Brot.

Fünftes Kind: Immer, ob wir spielen, uns zanken, uns vertragen oder ob wir schlafen, einfach immer arbeiten Menschen und Maschinen für uns, damit wir satt werden, Wußtet ihr das?

Sechstes Kind: Ist das kein Grund zur Freude. Kommt, Kinder, laßt uns tanzen.

Tanz

Einige Kinder tanzen den Bändertanz nach Schallplatte.

Spiel

Modenschau der Früchte.

Die jeweilige Frucht wird angesagt und von dem Kind, das die entsprechende Flagge trägt, nach vorne gebracht.

Sprecher:

Meine lieben Freunde, heute darf ich euch Gäste aus dem Ausland vorstellen, die euch sicher in solcher Kleidung noch nicht begegnet sind.
Ich darf nun um eure geschätzte Aufmerksamkeit bitten.
Als ersten Gast darf ich Frau Banane vorstellen. Sie hat einen weiten Weg hinter sich.

Frau Banane:

Ja, ich komme aus dem Land der Sonne, aus Afrika. Hier wurden meine Geschwister und ich gepflückt und in Körbe gefüllt. Ein großer Laster brachte uns zum Hafen. Dann wurden wir viele Tage über ein großes Wasser, den Atlantik, geschaukelt. Große Kräne luden uns wieder auf einen Laster. Und dieser Laster brachte mich hierher. Ich bin jetzt reif und zum Essen bereit.

Sprecher:
Bitte, lacht nicht. Jetzt kommt eine Dame, die ist jetzt schon rot.

Frau Tomate:

Buon giorno. Ich komme aus Italien. Hier muß man ja rot werden, so heiß ist es hier. Vor einer Stunde bin ich mit dem Flugzeug gelandet. Das hat mich einige Stunden durch die Luft gewirbelt. Es war ein wunderbares Gefühl. Ich freue mich, daß ich hier bin, damit ihr testen könnt, wie ich schmecke. Mit einer Prise Salz schmecke ich sehr gut. Bekommt ihr schon Appetit?

Sprecher:
Achtung, jetzt kommt eine tropische Köstlichkeit. Wißt ihr, wovon ich rede?

Frau Kokos:
Hier bin ich. Außen braun und struppig, innen weiß und milchig. Meinen Namen habt ihr sicher schon erraten. Genau, ich bin die Kokosnuß und schmecke einfach köstlich. Selbst zu Kuchen oder anderen Backwaren verarbeitet, mag mich jedes Kind.

Sprecher:
Da kommt etwas Gutes für die Muttis!

Frau Kaffeebohne:
Gemahlen oder ganz, so reise ich durch das ganze Land. Ich liebe es, wenn man mir kochendes Wasser über den Rücken gießt. Danach dufte ich immer sehr gut. Wer kann diesem Duft schon wiederstehen? Wer möchte, darf mich auch mit Zucker und Milch schlürfen.

Sprecher:
Da kommt das Getreide. Es kommt ganz frisch aus Kanada.

Getreide:
Ich komme aus Kanada. Das ist richtig. Große Maschinen mähten mich ab und droschen mich aus. Von meiner schönen Ährengestalt kann man nun leider nichts mehr sehen. Hoffentlich gefalle ich euch auch als kleines Körnlein. Ich freue mich schon auf die Fahrt zur Mühle. Wenn ich herauskomme, kennt mich sicher keiner mehr, wetten!

Sprecher:
Nun kommen unsere letzten Gäste. Schön aufgepaßt.

Frau Apfelsine und Töchterchen Klementine:

Frau Apfelsine	Frl. Klementine
Kind, nun komm schon.	Da sind so viele Leute.
Das macht nichts.	Die wollen mich vielleicht essen.
Ach was, jetzt nicht, vielleicht später. Hab keine Angst.	Ich will aber nicht gegessen werden.
Dann laufen wir eben ganz schnell weg.	Ja, wir beeilen uns.

Schaut uns an, hier sind wir, aber essen müßt ihr schon etwas anderes. Auf Wiedersehen.

Sprecher:

Sicher hat es euch gefallen. Können wir für solche Früchte nicht dankbar sein?

Lied

Danke für alle deine Gaben …

Fürbitten und Dankspruch

Erstes Kind: Guter Gott. Auch in diesem Jahr hatten wir wieder genug zu essen. Wir brauchten keinen Tag zu hungern. Dafür danken wir dir besonders an diesem Tag.

Zweites Kind: Bitte, mache uns bereit, von dem, was wir haben, abzugeben.

Drittes Kind: Gestern habe ich mein Brot in den Abfall geworfen, weil ich keinen Hunger hatte. Ich weiß, das war nicht gut.

Viertes Kind: Bitte, laß mich immer daran denken, daß es auch Menschen gibt, die sich über mein weggeworfenes Brot gefreut hätten.

Fünftes Kind: Manchmal reiße ich unreifes Obst oder Gemüse achtlos aus, nur so zum Spaß. Jetzt weiß ich, daß ich das lieber nicht machen soll.

Sechstes Kind: Ich habe gelernt, nicht mit Nahrungsmitteln zu spielen. Dazu sind die Spielsachen da.

Lied

Alle Völker in der Welt, klatschen in die Hände …

Die Kinder bringen ihre Gaben zur Segnung nach vorne.

Lied

Segne, Vater, diese Gaben …

Nach der Segnung beten wir gemeinsam das Vaterunser und verlassen die Kirche. Dabei erklingt wieder die Einzugsmelodie (Schallplatte).

Gemütliches Beisammensein im Kindergarten. Es gibt für alle Gäste (Eltern und Pfarrer) Gemüsesuppe.

9

Wir schützen die Umwelt

Wortgottesdienst zu Natur und Schöpfung

Vorüberlegungen

Was brauchen wir, um eine gute Ernte zu erzielen? Wie können wir das Leben säen? Wir erleben täglich eine wunderbare Brotvermehrung, wie lange noch? Wir müssen der Natur das geben, was wir ihr nehmen, wie können wir das tun?

Vorbereitungen

Jedes Kind bringt etwas Gemüse mit in die Kirche, das später in ein Altenheim (o. ä.) gebracht wird.
Jeder Erwachsene bringt für die anschließende Feier etwas Selbstgemachtes aus Obst mit (Marmelade, Obstsalat, Obsttorten oder Obstkuchen, Obstsäfte, Milchmixgetränke).

Beginn des Wortgottesdienstes

Alle Kinder und Gäste versammeln sich im Kindergarten und ziehen von hier aus gemeinsam zur Kirche. Feierlicher Einzug. Bis zum Beginn des Wortgottesdienstes erklingt Musik. Alle Kinder bringen ihre Gaben zum Altar, wo sie zwischen Blumen und Kerzen aufgebaut werden.

Gedanken zum Gottesdienst

Leiterin:

Unsere reichhaltige Ernte soll uns nicht darüber hinwegtäuschen, daß es auch noch andere Situationen gibt, die wir nicht unbeachtet lassen wollen. Bedenken wir:
Millionen Menschen sterben an Hunger. Millionen Menschen können sich an keinem Tag in ihrem Leben satt essen. Woran liegt das?
Auf der anderen Seite finden wir Menschen, die an Übergewicht ster-

ben, die viele Tonnen von Nahrungsmitteln achtlos wegwerfen, im Meer versenken oder einfrieren, um höhere Gewinne zu erzielen. Ist das nicht furchtbar?
Wir dürfen diese Gedanken nicht verdrängen, gerade an einem so schönen Tag wie heute nicht. In unserem Wortgottesdienst wollen wir neben dem *Bitten* und *Danken* das *Mahnen* nicht vergessen. Sehen und hören Sie nun, welche Überlegungen unsere Kinder angestellt haben.

Lied

Du hast uns, Herr, gerufen ...

Erstes Kind: Täglich ernten viele Menschen viele Früchte in irgendeinem Land, rund um die Uhr. Sie ernten für uns, damit wir einen schön gedeckten Frühstückstisch haben, damit wir mittags satt werden und damit wir abends nicht hungrig ins Bett gehen müssen.

Drei Kinder stehen daneben und treten jeweils mit einem Bild von einem gedeckten Tisch nach vorne.

Zweites Kind: Damit wir Obst, Butter, Gemüse, Brot kaufen können, müssen viele Leute arbeiten. Die Bäcker, die Arbeiter in der Düngerfabrik, die Lebensmittelhändler und noch viele, viele andere.

Vier Kinder, mit der jeweiligen „Berufskleidung“ treten nach vorne.

Drittes Kind: Sie arbeiten für uns, damit wir zu essen haben. Müssen wir ihnen nicht dankbar sein? Aber sie arbeiten vergebens, wenn auf den Feldern das Getreide, die Kartoffeln, die Gemüsepflanzen nicht gut wachsen und gedeihen.

Die genannten Früchte und einige andere werden von einigen Kindern gezeigt.

Viertes Kind: Dazu brauchen wir gute Erde, Regen, Wind und viel Sonne. Denkt einmal darüber nach, wem wir auch in diesem Jahr die gute Ernte verdanken ... Wir wollen dankbar sein.

Ein Kind zeigt Erde, ein Kind gießt mit der Gießkanne, ein Kind macht mit einem Instrument das Geräusch vom Wind, und ein Kind kommt als Sonne verkleidet.

Dank und Fürbitten

Vorgetragen von Eltern, Gästen oder Erziehern

Wir danken dir, Gott, für die reiche Ernte auf der ganzen Welt.
Wir danken dir, Gott, für alle Menschen, die täglich für uns arbeiten, damit wir satt werden.

Wir danken dir, Gott, für alle Maschinen, die den Menschen die Arbeit erleichtern.
Wir danken dir, Gott, für den Regen, für den Wind und für die Sonne, die mit deiner Hilfe die Früchte wachsen lassen.

Wir bitten dich

Laß die Menschen die Erde pflegen und nicht durch Düngemittel und übermäßige Chemie zerstören.
Gib den Menschen die Einsicht, daß sie der Erde das zurückgeben, was sie ihr nehmen.
Gib uns allen die Einsicht, daß wir alles, was du uns durch deine unendliche Güte schenkst, achten und ehren und nicht achtlos wegwerfen und zerstören.

Lied

Wer hat die Sonne denn gemacht ...

Der Herr Pfarrer erzählt die Geschichte von der wunderbaren Brotvermehrung.

Sprecher:

Bedenken wir: Nur das, was wir in eine gute Erde pflanzen oder säen und dann mit Liebe pflegen, kann wachsen und gute Frucht bringen. Wir säen und ernten nicht nur im Garten und Feld!

Erstes Kind: Tritt als Blume verkleidet nach vorne.

Ich bin eine kleine Blume. Einst war ich ein winziges Körnlein. Dann haben mich liebe Menschen in eine wunderschöne Erde gesteckt. Täglich wurde ich gegossen. Als ich langsam wuchs, hat man meinen zarten Stiel aufgebunden, damit der Wind ihn nicht umknicken konnte. Täglich kam jemand nach mir sehen. Er freute sich über meine Farbenpracht. Ich fühlte mich froh und geborgen. Ich konnte sorglos wachsen und bis heute viele Menschen erfreuen. Ja, Pflege und Liebe schenkten mir mit der Hilfe Gottes ein schönes Leben.

Sprecher:

Wißt ihr, was mit einem Samenkorn geschieht, das in schlechte Erde gelegt wird und nicht begossen und nicht mit Liebe gepflegt wird?
Es verkümmert und stirbt, noch bevor es das Leben kennengelernt hat.

Zweites Kind: Tritt nach vorne.

Ich bin Petra. Ein gesundes, frohes und glückliches Kind. Ich wurde in eine tolle Familie hineingeboren. Zuerst war ich ganz, ganz winzig klein. Meine Eltern haben sich riesig auf mich gefreut. Als ich dann auf wunderbare Weise in die Welt hineingeboren wurde, freuten sich noch mehrere Leute darüber, daß ich endlich da war. Ja, Pflege und Liebe schenkten mir bis heute mit der Hilfe Gottes ein herrliches Leben.

Sprecher:

Wißt ihr, was mit Kindern geschieht, auf die sich niemand freut, die keiner haben will, denen niemand Liebe, Vertrauen und Geborgenheit schenkt?
Diese Kinder können nicht so glücklich und froh werden wie die Kinder, die von Herzen geliebt werden.

Drittes Kind: Tritt nach vorne.

Ich bin ein kleiner Hund. Wie alle Tiere brauche ich viel Liebe und Pflege. Viele Menschen vergessen das oft. Katzen sperrt man im Haus ein, wo sie doch so sehr in Freiheit ihr Mäuschen fangen. Hühner müssen in engen Käfigen sitzen, wo sie doch so gerne ihre Nahrung aus der Erde picken möchten. Schweine und Kühe müssen in engen Ställen stehen bleiben, wo sie doch so gerne auf saftigen Wiesen grasen möchten oder im Schlamm wühlen. Denkt einmal darüber nach. Muß das sein?

Sprecher:

Wir Menschen sind verpflichtet, auch das Leben der Tiere zu schützen und sie als Lebewesen würdig und gut zu behandeln. Denkt an die Pflege und Liebe, die sie brauchen, bevor ihr sie vielleicht aus egoistischen Motiven kauft.

Lied

Er rettet dich, er rettet mich ...

Sprecher:

Unsere Erde ist kostbar, unsere Bäume sind für uns lebenswichtig, ohne Wasser verlöscht auch das letzte Leben.

Erstes Kind: He, du hast gerade einen Baum abgeschlagen, um Möbel daraus zu bauen. Das ist gut, wenn du dafür einen neuen Baum pflanzt. Machst du das?

Zweites Kind: Hallo, du läßt eine ganze Menge Gift ins Wasser laufen. Ich verstehe. Dafür haben wir Autos, Maschinen, saubere Wäsche, tolle Bestecke und ein schönes Leben. Das ist gut. Aber wenn du es nicht filterst, bevor du es in den See leitest, sterben bald die Fische und die Menschen.

Drittes Kind: Die Schornsteine auf deiner Fabrik machen mir angst. Sie rauchen zu stark. Auch wenn sie einem guten Zweck dienen — sie geben vielen Menschen Arbeit und Brot. Dennoch mußt du etwas ändern. Du kannst es doch. Sonst müssen wir in ein paar Jahren erstikken. Willst du das?

Viertes Kind: Ja, warum wirfst du deinen Abfall ins Wasser?
Warum treibst du ihn in die Luft?
Warum machst du die schöne Erde kaputt?
Bitte, mach sie doch wieder heil.
Wir möchten nämlich noch lange leben! Du auch?

Lied

Ja, wenn der Herr einst wiederkommt,
ja wenn der Herr einst wiederkommt.
Ja, dann laß uns auch dabei sein.
Ja, wenn der Herr einst wiederkommt.
Und wenn das Wasser wieder rein ...
Und wenn die Wälder wieder grün ...
Und wenn die Luft wird wieder klar ...
Und wenn die Erde wieder lebt ...
Und wenn die Liebe wieder groß ...
Und wenn die Menschen wieder froh ...
Ja, wenn das Buch, geöffnet wird ...

Gebet für alle

Herr, der du Himmel und Erde erschaffen hast.
Du hast uns Menschen den Auftrag gegeben,

all das Leben auf der Erde zu pflegen,
damit es uns gut gehe.
Wir wollen mehr als bisher diesen Auftrag
zu deiner Zufriedenheit
und zu unserem Heil auf Erden erfüllen.
Hilf uns bitte dabei. Amen.

Mit festlicher Musik verlassen alle die Kirche. Im Kindergarten finden sie sich zu einer gemeinsamen Feier ein.

10

Wenn jeder hilft, was er kann, dann ist schon viel getan

Wortgottesdienst

Themenvorbereitung

Welche Menschen sind hilfsbedürftig? – Babys, kranke Menschen, alte und schwache Menschen. Wie und wodurch kann man ihnen helfen? Nicht nur Erwachsene können Hilfe leisten. Schauen wir uns einmal in unserer Kindergartengruppe um!

Zielgruppe

Kindergarteneulinge, denen wir die Eingewöhnungszeit erleichtern und verschönern wollen. Da gibt es viele Möglichkeiten. Schauen wir einmal genau hin!

Einzug in die Kirche

Wir ziehen ganz leise ein. Dann bilden wir mit allen Kindern, Erziehern und Gästen einen großen Kreis.

Lied

Wir woll'n den Kreis binden ...

Der Herr Pfarrer tritt in den Kreis und zeigt den Kindern einen Ring. Er fragt nach seiner Bedeutung, und die Kinder berichten, was sie hierüber gelernt haben (Symbol der Verbundenheit, Treue, Partnerschaft, Zuwendung, Liebe ...). Hinweis auf die Versammlung der Jünger um Jesus beim letzten Zusammentreffen vor seinem Tod. So wollen wir auch heute in enger Verbundenheit mit Jesus gemeinsam feiern.

Lied

Wo zwei oder drei in deinem Namen versammelt sind ...

Die Kinder gehen auf ihren Platz.

Erstes Kind: Wir Kinder leben viele Stunden in der Woche in der Kindergartengemeinschaft. Ich gehe gerne in den Kindergarten und möchte, daß sich auch die anderen Kinder hier wohl fühlen. Dabei können wir uns untereinander helfen. Wie? – Paßt einmal gut auf!

Zweites Kind: Zeigt ein Puzzle. –
Das ist ein Puzzle. Ich spiele gerne damit. Blitzschnell setze ich es zusammen. Wenn ein kleineres Kind es nicht schafft, helfe ich ihm gerne dabei.

Drittes Kind: Zeigt einen Turm aus Legosteinen. –
Ich baue am liebsten mit Legosteinen. Mir macht es viel Freude, den anderen Kindern zu zeigen, was man alles damit bauen kann. Ich helfe auch gerne, wenn etwas kaputtgeht. Zusammen haben wir es schnell wieder aufgebaut.

Viertes Kind: Zeigt Schuhe. –
Es ist für kleinere Kinder nicht ganz einfach, die Schuhriemen zu binden. Wenn sie es nicht schaffen, komme ich ganz schnell herbei und helfe.

Fünftes Kind: Zeigt eine Jacke. –
Ich bin Spezialist für Reißverschlüsse. Im Nu ist er zu. Hier helfe ich, wenn ich kann.

Sechstes Kind: Ich lasse mir gerne helfen. Wenn ich alle diese Dinge kann, möchte ich auch den anderen Kindern helfen. Helfen macht sicherlich viel Spaß. Probiert es auch einmal!

Alle sechs Kinder nehmen sich bei der Hand.

Alle: Wir sind Helfer, wollt ihr auch Helfer sein?

Lied

Wenn jeder hilft, was er kann,
dann ist schon viel getan.
Wenn jeder hilft, was er kann,
dann ist schon viel getan.

Dieser Zwischengesang wird zu den einzelnen Sätzen, die die Kinder sprechen, von den Erwachsenen gesungen.

Diareihe – „Der Baum, der immer nein sagt“
Vorgetragen von einer Erzieherin.

Lied

Wenn einer sagt, ich mag dich ..., 1. und 2. Strophe

Erstes Kind: Sag nie nein, wenn jemand deine Hilfe braucht.

Zweites Kind: Vielleicht brauchst du auch einmal die Hilfe eines Menschen! Wärst du nicht traurig, wenn er nein sagen würde?

Erzieher: Jesus sagt: „Alles tun, was ihr wollt, daß euch die Menschen tun, sollt ebenso auch ihr ihnen tun."

Drittes Kind: Sag nicht nein, wenn jemand sagt, ich brauch' dich.

Viertes Kind: Wie traurig bist du, wenn du jemanden brauchst, und keiner hat Zeit für dich!

Erzieher: Jesus sagt: „Die Liebe und Hilfe, die ihr schenkt, wird euch tausendfach vergolten werden."

Fünftes Kind: Sag niemals nein, wenn du ja sagen kannst. Später wirst du froh sein, einen Freund zu haben, der auch dir hilft, wenn du etwas nicht schaffst.

Lied

Wenn einer sagt, ich mag dich ..., 3. und 4. Strophe.

Schlußwort und Segen
durch den Pfarrer

Auch Jesus hat geholfen, wo er konnte.
Denken wir an ...

Aufzählung von Heilungen und Tröstungen. Hier reichen drei oder vier Beispiele. Am besten in Absprache mit der Erzieherin. Es sollen Hinweise auf Geschichten sein, die den Kindern bekannt sind.

Schön wäre auch hier wieder eine Kreisbildung.
Nach dem Segen verlassen die Kinder so leise, wie sie gekommen sind, die Kirche.
Geeignet wäre ein Besuch bei einem kranken Kind oder eine Bastelaktion. Es könnten Dinge hergestellt werden, die die Kinder später in der näheren Umgebung verkaufen, um mit dem Erlös jemandem zu helfen.
Auf Gruppenebene könnte man den Kreis fortführen, indem man die Gäste zu einem kleinen Frühstück einlädt.

Liedvorschläge
zu den einzelnen Wortgottesdiensten

1 Helfen, teilen, schenken, S. 15

Es läuten alle Glocken (Pfälzer Kindermesse)
Text: H. Bergmann, Melodie: H. Wortmann
Studio Union im Lahn-Verlag, Limburg

Laßt uns froh und munter sein
Worte und Weise: Aus dem Hunsrück

Segne Vater diese Gaben
Verlag Neue Stadt, München
oder GL 16,9

Kommt, sagt es allen weiter
Text: Friedrich Walz, Melodie: Spiritual — in: Neue geistl. Lieder, Bosse Verlag, Regensburg

Alle Knospen springen auf
Text: Wilhelm Willms, Musik: Ludger Edelkötter — in: Alle Knospen springen auf, Impulse Musikverlag

Wir teilen die Äpfel auf
Text: Wilhelm Willms, Melodie: Wilhelm Keller — Verlag Heinrich Ellermann

Jesus hat die Kinder lieb
Text und Melodie: Kurt Rommel — in: 9 × 11 neue Kinderlieder zur Bibel, Christophorus-Verlag, Verlag Ernst Kaufmann, Freiburg/Lahr

2 Alle Kinder dieser Welt auf dem Weg nach Bethlehem, S. 23

Goldnes Licht, goldnes Licht
Worte: Josef Guggenmos, Melodie und Satz: Martin Gotthard Schneider
in: Jetzt ist die Zeit zum Freuen. Christophorus-Verlag, Verlag Ernst Kaufmann, Freiburg/Lahr

Schwarze, Weiße, Rote, Gelbe, Jesus hat sie alle lieb
in: Singt mit — Burkhardthaus Verlag, Gelnhausen und Berlin

Alle Kinder dieser Erde
in: Willkommen lieber Tag, Band 2, Verlag Moritz

3 Die Schöpfung sehen lernen, S. 29

Wer hat die Sonne denn gemacht
Worte: Matthias Claudius, Weise: Richard Rudolf Klein — in: Willkommen lieber Tag, Band 1, Verlag Moritz

Sonne scheint ins Land hinein
Text: Siegfried Großmann, Melodie: Rudolf Klein — in: Willkommen, lieber Tag, Bd. 1, Verlag Moritz Diesterweg, Frankfurt/Main

Die Sonne hoch am Himmelszelt, alles hat Gott gemacht
in: Wir singen Gottes Lob, Bernward-Verlag, Hildesheim und Verlag Butzon & Bercker, Kevelaer

Was nah ist und was fern ist
in: Willkommen lieber Tag, Band 1, Verlag Moritz

Danke, für diesen guten Morgen
Text und Melodie: Martin G. Schneider, in: Danke, BE 214

4 Es gibt für alle eine Zeit, S. 35

Fröhlich sind wir Jesus Christ
Text uns Melodie: Anton Stingl, Bonifatius Verlag, Paderborn

Mein Gott, welche Freude
Hoppe und Werry, Mühlheim (Ruhr)
Verlag Neue Stadt, München

Du hast uns Herr gerufen
Text und Melodie: Kurt Rommel, in: 111 Kinderlieder zur Bibel, Christophorus-Verlag, Verlag Ernst Kaufmann, Freiburg/Lahr

Vieles ist nicht selbstverständlich
Text und Melodie: Rissner Seminargruppe

Alles was Odem hat
Text: Arbeitskreis, Melodie: Heinrich Rohr, in: 50 Gesänge zu Meßfeier und Wortgottesdienst mit Kindern — Christophorus-Verlag, Freiburg

5 Wir feiern Muttertag, S. 41

Ave, Maria, ave Maria
Text und Melodie: Georg Braun — Böhler-Druck

Deine Füße, liebe Mutter
Text und Melodie: Wolfgang Longardt

Ich freu mich, daß ich leben darf
Text und Worte: Franz Klett — Don Bosco-Verlag

Soviel Blümlein in den Feldern
Worte: Heinrich Breuer, Weise und Satz: Richard Rudolf Klein — in: Kinderlieder und Reime, Fidula-Verlag Boppard

Maria breit den Mantel aus
GOTTESLOB Nr. 595

6 In den Ferien Gott begegnen, S. 47

Kinder, laßt uns fröhlich sein
in: Kommt herbei, singt dem Herrn — Bonifatius Verlag, Paderborn

Puff, puff, puff, kleines Lokolieschen
Text: Volker Ludwig, Melodie: Birger Heymann — Deutscher Taschenbuchverlag

Herr, gib uns deinen Frieden
Text: Wolfgang Poeplau: Ludger Edelkötter — in: Ein Mann aus Assisi — Impulse Musikverlag, Dreinsteinfurt

7 Wir fangen neu an, S. 53

Lasset uns gemeinsam, lasset uns gemeinsam
Mündliche Überlieferung, Verfasser unbekannt — Böhler-Druck

Gib uns Frieden jeden Tag
Text: Rüdiger Lüders und Kurt Rommel, Melodie: Rüdiger Lüders — in: Neue Kinderlieder, Gustav Bosse-Verlag, Regensburg

Großer Gott, wir loben dich
Text: Ignatz Franz, Melodie: Heinrich Bone — GOTTESLOB Nr. 257

Bau ein Schiff
Text: Friedrich Hoffmann, Melodie: Gerd Watkinson — Christophorus-Verlag, Verlag Ernst Kaufmann, Freiburg/Lahr

8 Für die Ernte danken, S. 59

Lieber Vater, diese Gaben
T. u. M. unbekannt, T. (Rufe): Dietmar Rost
in: Gotteslob der Kinder — Bonifatius Verlag, Paderborn

Danke, für alle deine Gaben
Text und Melodie: Martin G. Schneider — Bosse-Verlag, Regensburg

Alle Völker in der Welt, klatschet in die Hände
Text: Elisabeth Gräfin Vitzhum, Melodie: A. Stingl — GOTTESLOB Nr. 875

Alles lebt von deinen Gaben
in: Wir singen Gottes Lob — Ein Liederbuch für Schule und Kindergottesdienst — Bernward-Verlag — Verlag Butzon und Bercker

Gott gibt viele Gaben
Text: Rudolf Otto Wiener, Melodie: Gerd Watkinson — in: 9 × 11 neue Kinderlieder zur Bibel, Christophorus-Verlag, Verlag Ernst Kaufmann, Freiburg/Lahr

Was schwach beginnt und winzig klein
Wolfgnag Longardt, Verlagshaus Gerd Mohn

9 Wir schützen die Umwelt, S. 63

Ja, wenn der Herr, einst wiederkommt
in: Liedermesse für die Adventszeit — Hoppe + Werry

Bäume und grünendes Kraut
Text: Maria Thudichum, Melodie: Erna Woll — Christophorus-Verlag, Verlag Ernst Kaufmann, Freiburg/Lahr

Heute, morgen, jeden Tag
Text: Arnim Juhre, Melodie: Gerd Watkinson — Christophorus-Verlag, Verlag Ernst Kaufmann, Freiburg/Lahr

Wir pflügen und wir streuen
Text: nach Matthias Claudius, Melodie: Adolf Lohmann — in: Altenberger Singbuch, Christophorus-Verlag, Verlag Herder

Da kommt die liebe Sonne wieder
Text Matthias Claudius, Melodie: Gerd Watkinson — in: 111 Kinderlieder zur Bibel, Christophorus-Verlag, Verlag Ernst Kaufmann, Freiburg/Lahr

Singet dem Herrn, singet ihm mit Freuden
Text: nach Psalm 148, Melodie: Heinrich Rohr — in: 50 Gesänge zu Meßfeier und Wort. Gottesdienst mit Kindern,Christophorus-Verlag, Freiburg

Hallelu, Hallelu, Hallelu, Hallelujah, danket dem Herrn
mündliche Überlieferung — Verfasser unbekannt — Böhler-Druck

10 Wenn jeder hilft was er kann, S. 69

Kommt her, wir feiern heute, kommt her
in: Wir singen Gottes Lob
Bernward Verlag, Verlag Butzon & Bercker

Wenn jeder gibt, was er kann (abgeändert)
Text: Wilhelm Willms, Musik: Peter Janssens
in: Fest der Hoffnung — Peter Janssens-Musik-Verlag, Telegte

Wenn einer sagt: Ich mag dich,
Text und Melodie: Andreas Ebert — in: Feiert Gott in unserer Mitte — Hänssler-Verlag, Neuhausen

Liebe ist nicht nur ein Wort
Rechte: Peter-Janssens-Musikverlag, Telgte

Wie man und andere versteht
Text und Melodie: Wolfgang Longardt — in: Katechetische Spielmappen 6, Christophorus-Verlag/Verlag Ernst Kaufmann, Freiburg/Lahr

In einem Baum, du glaubst es kaum, da wohnen viele Tiere
in Spielbuch Relegion, H. band — W. Longardt

Hinweise

auf Diareihen, Schallplatten, Lieder- und Bilderbücher

Studiengemeinschaft der Franziskaner-Minoriten
Franziskanergasse 7, Postfach 35, 8700 Würzburg 11

Willkommen, lieber Tag, Band 1 und 2:

Verlag Moritz Diesterweg, Frankfurt am Main

Bilder der Bibel:

Gott segnet Noach
Vom reichen Fischfang
Jesus gibt uns zu essen
auch als Dias von Emil Maier-F:

Verlag Katholisches Bildungswerk GmbH, Silberburgstraße 121 A, 7000 Stuttgart 1

Aus dem Leben der Mutter Gottes:
Dias von Emil Probst
Nr. Hc 23:
Der Baum, der immer nein sagt
Dias von den Paulaus-Schwestern, Nürnberg

Calig-Verlag GmbH, 8000 München 19, Renatastraße 71

Schallplatten, nach denen wir tanzen:

Fidula Fon 1195, Buenos Dias
Fidula Fon 1196, Tanzkarussell

Schallplatten mit schönen Texten zum Einzug
(bzw. Beginn und Ende des Gottesdienstes)

Was uns die Bibel erzählt/Hinauf nach Jerusalem:

Studio Union im Lahn-Verlag, Limburg, Postfach 140, Bestell-Nr. 90615 abakus

Biblische Spiellieder:

Misereor-Plattenstudio Nr. 8, Vertriebsgesellschaft mbH, Mozartstraße 9,
5100 Aachen

Impulse:

Musikverlag Ludger Edelkötter, 4406 Drensteinfurt, Münsterstraße 16

FÜR DIE GESTALTUNG VON KINDER-, JUGEND- UND FAMILIENGOTTESDIENSTEN

Lektionar für Gottesdienste mit Kindern

„Der Text der Perikopen ist dem Verständnis von Grundschulkindern angepaßt … Mehr als ein Lektionar! Auch eine Hilfe zur Erschließung der Perikopen" (Dienender Glaube).

Band 1: Kirchenjahr und Kirche. 224 Seiten, gebunden. ISBN 3-451-18956-9
Band 2: I. Lebenswelt des Kindes; II. Lebensordnung des Christen (Die Gebote); III. Biblische Gestalten als Zeugen des Glaubens. 288 Seiten, ISBN 3-451-18957-7

Simon Dach

35 Meßgesänge für Familiengottesdienste

Für Kinderschola, Flöte, Gitarre und Orgel

„… Was diese Ausgabe wertvoll macht: vielfältige Möglichkeit im Einsatz von Instrumenten, reiches Angebot an Kombinationsmöglichkeiten, kindertümlich!" (Im Dienst der Kirche, Köln)

35 Meßgesänge für Familiengottesdienste: 2. Aufl., 48 Seiten, Paperback. ISBN 3-451-19597-6

Wolfgang Schwartz

Unser Gottesdienst soll fröhlich sein

Feiern mit Vorschulkindern

Alle 14 Vorschläge orientieren sich am Rahmenplan für Kindergärten. „Sie verdienen durchaus Beachtung! Hier wird eine Möglichkeit der Gottesdienstform gezeigt, die noch weitaus stärker genutzt werden sollte" (Pastoralblatt f. d. Diözesen Aachen u. a.).

80 Seiten, Paperback. ISBN 3-451-20055-4

Kommt zum Fest

Mit Kindern Eucharistie feiern lernen

„Die 14 Modelle sind sehr gut geeignet, Kinder schrittweise immer tiefer in die Mitfeier der Eucharistie einzuführen. Wer etwa wöchentlich mit den Kindern *und* Eltern zur Vorbereitung auf die feierliche Erstkommunion Gottesdienst feiern kann, findet hier eine sehr wertvolle Hilfe" (Amtsblatt f. d. Erzdiözese Bamberg).

„Dieses Buch ist eine Hinführung zum Sonntagsgottesdienst der Gemeinde" (Unsere Seelsorge, Münster).

96 Seiten, Paperback. ISBN 3-451-19839-8

Max Huber

Erstkommunion feiern

Gottesdienstmodelle

„Eindeutig das Beste, was es z. Zt. auf dem Markt hierzu gibt" (Stefanie Spendel).

3. Aufl., 96 Seiten, Paperback. ISBN 3-451-19336-1

Mit dem Herzen feiern

Kindergottesdienste zu Erstkommunion, Schulanfang, Schulschluß, Weihnachten, Fastnacht

Mit diesem Titel verspricht der Autor nicht zuviel, sondern hält diesen Anspruch als roten Faden in seinen Gottesdiensten durch. (Pastoralblatt, Köln u. a.).

96 Seiten, Paperback, ISBN 3-451-20270-0

Gerhard Debbrecht
Eine Brücke zu uns
Eucharistiefeiern mit Jugendlichen

Meditative, lebensnahe Modelle für Gottesdienste mit Jugendlichen, aus dem Erfolgsbuch „Messe – für mich?“ erwachsen. Sie helfen, Jugendliche zur aktiven Teilnahme am Meßgeschehen zu führen, und bauen eine Brücke zwischen Jugendmessen und den „normalen“ Gemeindegottesdiensten. Besonders wertvoll ist die Einführung in die „Feier der Gemeindemesse“.

96 Seiten, Paperback, ISBN 3-451-20054-6

Matthias Schnegg
Wir spielen und feiern
82 neue Spielmodelle für Kindergottesdienste

Der Gedanke der „Liturgie als Spiel“ steht hier im Vordergrund. Fortsetzung des erfolgreichen Buches „Damit es Freude macht“.

152 Seiten, Paperback. ISBN 3-451-20057-0

Damit es Freude macht
68 Spielmodelle für Kindergottesdienste an Sonn- und Festtagen und für verschiedene Anlässe

„Ein sehr empfehlenswertes Buch!“ (Kathpress).

3. Aufl., 160 Seiten, Paperback. ISBN 3-451-19037-0

Kinder erleben den Kreuzweg
„Allen, die wissen, wie schwer es ist, Kindern den Kreuzweg Jesu nahezubringen, wird das Heft eine wertvolle Hilfe sein“ (Der Dom, Paderborn).

2. Aufl., 40 Seiten mit Ill. von Karl Kluth, geheftet. ISBN 3-451-20030-9

Emmanuel Gniß
Heute den Kreuzweg gehen
Texte für junge Menschen

„Dem Verfasser ist es gelungen, dem jungen Menschen, aber ebenso dem Erwachsenen von heute einen herausfordernden Vorschlag für das Beten des Kreuzweges an die Hand zu geben“ (Pastoralblatt).

2. Aufl., 48 Seiten mit Ill. von Guido Dupont, geheftet. ISBN 3-451-20035-X

Heriburg Laarmann
Mit Zeichen und Symbolen
Neue Familiengottesdienste

„Wagen Sie sich an die Gottesdienste in diesem Buch – und das Echo wird Sie überraschen!“ (Pfarrer Willi Hoffsümmer)

160 Seiten, Paperback. ISBN 3-451-20491-6

Wolfgang Nastainczyk
Der springende Funke
Kinderpredigten für das ganze Jahr

48 Kinderpredigtmodelle, die schlichte, kindgemäße Sprache mit hohem theologischem Niveau verbinden – aus der Praxis entstanden, leicht umsetzbar.

224 Seiten, Paperback. ISBN 3-451-20056-2

VERLAG HERDER Freiburg · Basel · Wien